関係に悩むあなたへ

アドラーに救われた女性たち

つるたえみこ

みらい PUBLISHING

はじめに

話しだしたら止まらないＫ子さん。

「子どもがだらしなくて困るの。

どうしたらいいのか、自分で何とかしてほしいので、なるべくうるさく言わないようにしているのだけど……。黙っていたら朝は起きてこないし、遅刻しそうなギリギリの時間まで寝ているし。あげくのはてには、『何で起こしてくれないんだ、ご飯いらない』と慌てて玄関のドアを閉めて出ていくんですよ」

中学生になっても、だらしない毎日を過ごしている息子を何とかしたいと思って「ＳＭＩＬＥ」の講座に参加してくださったＫ子さんです。

またF子さんは、「うちの息子は、学校で友達と仲良くしたいと言いながら、イジめているほう。中学生になった最近もまた問題を起こしています。先生からは注意を受け、相手の親御さんには謝りに行くことを繰り返しています。

発達障害の傾向があるのではと思いましたが、そうでもありません。小学校のときも部活でラケットを振り回したのが、ほかの子どもに当たって謝りに行ったことがあり、どうして落ち着きがないのか困っています」と言います。

ほかにも、子どもが口うるさくて親の私がノイローゼになりそうだとか、祖母が甘やかして困るとか、いろいろな子どもとの関係で悩んでいる女性たちが世の中には存在します。

彼女たちの多くは、仕事を持ちながら家事もこなし、ほとんど一人で家事・子育てを仕切っているたくましい女性たちです。

定時に帰るため仕事は手を抜くことができない、家に着く前にスーパーで買い物をするときも悩ましい。ようやく家に着いても、部屋の中がめちゃくちゃになっているのを見ると気が狂いそうになると笑いながら話す人もいます。

Ｋ子さんは、夜になって、ホッと一息ついて「さぁ寝ようか」となったときに子どもがリビングにやってきて、「明日学校に持って行かなくてはいけないものが家にない」と泣き出しそうな声で言われ、「何を今ごろ言っているの」という言葉を飲み込み、急いで自転車を飛ばして、買いに行くこともあると話していました。そのときなど、怒りを通り越して、何の因果で私は今、自転車を走らせているのだろうかと、泣きたくなった、と疲れ果てた口調で言います。

母は頑張っています。

だけど、どうしてこんなに子どものことに必死になって、頑張っているのか。

「夫はどうしているの？」と促《うなが》すと「あてになりません」と言うのです。

K子さんもF子さんも40代。母親は団塊世代で、教育程度も高く、仕事もこなしているところは皆同じです。

彼女たちは、民主的な教育を受けてきたにもかかわらず、いつの間にか母親世代からの価値観〝勉強して、いい会社に就職するのが幸せへの最短距離〟とばかりに、社会の先端をいくためのレールに子どもを乗せようしているのに気がついていないようです。

彼女たちは親の期待に添うように一生懸命勉強し、頑張ってきた女性たちです。

そんな彼女たちが勉強して、さまざまな親子関係の問題を解決しているもの、それが**アドラー心理学**です。

２０１３年に、『嫌われる勇気』（著：岸見一郎、古賀史健／ダイヤモンド社）というアドラー心理学を扱った書籍が話題になったことで知っている人もいるかと思います。本書は１００万部以上の売上を誇る大ベストセラーになりました。

しかし親子関係セミナー「ＳＭＩＬＥ」に参加する女性たちの間では、私の体感ですが、まだアドラー心理学という言葉を聞いてピンとくる人は少なく、ましてやそれを自らの親子関係に役立てようという発想になる人はほんのわずかしかいません。

本文で詳しく書きますが、**アドラー心理学を活用すれば、私たちの親子関係、ひいては人間関係を劇的に改善することができます。**

しかし、そんな画期的な方法を知らず、毎日子どもや夫といった家族関係に悩んでいる人のなんと多いことか……！

私はそんな女性の方々に、少しでもアドラー心理学のエッセンスを活かして、より素晴らしい親子関係、ひいては人間関係を築いていってもらいたいと願っております。

そんな思いを込めて、執筆させていただきました。

ぜひ親子関係や家族関係に悩む女性の皆さまの一助となればと思っています。

目次

第Ⅱ章　アドラー心理学と出会って変わった私

第Ⅳ章　アドラー心理学とは何か？

第Ⅴ章　アドラー心理学を使った子育ての方法

Chapter1

第1章

私がアドラー心理学と出会うまで

周りの子とは違った幼少期

私は戦後間もなく沖縄で生まれました。

幼かった私の記憶に戦後の沖縄の、まぶしい太陽の光とほこりっぽい荒涼とした光景が焼き付いています。

我が家のすぐ裏は軍道（今でいう県道）で、車が通るたびほこりが舞い上がっていました。港が近かったこともあり、ときには装甲車《そうこうしゃ》が通り、米軍が縦列《じゅうれつ》行進で移動する光景も見られました。

ワッシワッシと足音が聞こえ、アメリカ兵の行列が近づいてくると、大きな子どもたちに混じって、走っていきました。

あるとき、行進を見ている私のほうに米兵が、ニコニコ笑顔で何やら言いながら近づいてきます。私の顔を見るのではなく、黄色いセーラーカラーの私のブラウスに興味を示しているのだとすぐ分かりました。私は恥ずかしくてただ、もじもじして人の後ろに隠れてしまいました。

結構シャイな子でした。黄色いセーラーカラーのブラウスは母が米軍の倉庫で働いて譲ってもらってきたものでした。

道路の向こう側は広い米軍の基地が広がっていて、クォンセットの建物（トタンによる軽量のプレハブ）やたくさんの米軍の物資を備蓄する倉庫が並んでいました。

私が2才くらいの頃、まだ復興にはほど遠く、働く場所も充分になかったといいます。米軍施設の倉庫の整理の手伝いにかり出され、給料ではなく、物資で着るものや缶詰などを支給されていたようです。そのような光景が今でも断片的に脳裏《のうり》に浮かんできます。

4才くらいだったか、我が家は屋敷の一角に小さな家を建て、福岡出身の一家に貸していました。その家族は言葉も私たち沖縄の人に比べてあか抜けていて、都会的な雰囲気がありました。

その家には2才年下の男の子がいて、私のよい遊び相手でした。おもちゃもお菓子もたくさんあるハイカラな家族でしたが、男の子のお父さんはフィリピンの人なのにアメリカの軍人として働いていたと後で聞きました（その家族は後に、お父さんだけフィリピンに帰ってしまい、一家は福岡に引っ越していきました）。

私を温かく迎え入れ、可愛がってくれるので、毎日のように入りびたって男の子と遊び、私はその家族が大好きでした。

5才になったある春の朝、いつものように男の子と遊ぼうと隣の家に行ったときのことです。同じ屋敷内なので我が家との間は汲《く》み井戸でへだてられているだけです。いつも通り、その日もそっとその家の裏口に行くと、男の子のおばあちゃんである、サチおばちゃんに出くわしました。すると

「アラッ、エミちゃん今日から幼稚園じゃないの」とびっくりしたように私の顔をのぞき込みます。サチおばちゃんの声はなぜかしわがれていて大きく、きょとんとする私の手を引いて急ぎ足で我が家に行き、さらに声を張り上げて、

「今日から、エミちゃんの幼稚園が始まるよ。エミちゃんは早生まれだから、今年からよ」と祖母に言っています。

そして周りの大人があたふたして騒ぎだしました。スローモーションのように動くその光景を見ながら、時間が止まってしまったように私は固まって、ただ突っ立っているだけでした。私をそっちのけで周りが騒いでいます。

一人残されて、心細い不安と戦いながら、井戸の側でたたずんでいました。

春の空は青く澄んでいます。暖かい陽気の中で、おじいちゃん、おばあちゃんが何か大事なことを忘れたようだ、おじいちゃん、おばあちゃんを頼ってはいけないかもしれない、

と思いました。そして、これからは何でも自分でしなければいけない、と強く自分に言い聞かせていたことを覚えています。この出来事は私にとっては事件でした。

薄々、私は父なしっ子であるということ、周りとは違うのだということ、だから年寄りに育てられている、よそとは違う子なのだということに気がついていました。

時々大人たちがおしゃべりしているところに出くわしたとき、その場の会話が一瞬止まったこともありましたし、そのときも、私や母のことを話していたことに気づいていました。

私は「よそとは違う子」なのだから、何もかも自分でしなければいけない。井戸の側で聞き耳を立てながら、決めたのでした。

未婚で子持ちになった母

ここで私の家族について紹介したいと思います。

まず私の母は19才のとき、未婚で私を産みました。父は妊娠が分かって父方の親から反対されたことで、母との結婚は簡単にあきらめたようです。

反対の理由はプライドの高い父方の祖母が「家柄が違う」「本当にうちの孫なのか分からない」と言い放ったそう。

隣村の海沿いにある家なのに気位が高いのは、どうやら城下町の首里から引っ越してきた侍の落人《おちうど》の家系だったとか、後に伝え聞いたことです。

母は自分の味方になってくれない父に激しく怒り、落ち込み、憎《にく》んだと言います。

私が1月生まれで寒い日だったにもかかわらず、母方の祖母は赤子の私を抱いて隣村まで歩いていったそうです。生まれたばかりの私の顔があちらの祖母にそっくりだったから、「こんなにあなたにそっくりです、これでもうちの孫ではないと言うのですか。顔を見てやってください」と悔しくて言わずにおれなかったようです。

自分の娘のことをないがしろにされたうえ、どこの子か分からないなどと言われたことが、とても悔しく悲しかったと後に私に話してくれました。

戦後、疎開先から戻って来たとき焼き尽くされて野原となった村は、わずかな家が焼け残っていただけ。そこに複数の家族が割り当てられ、復興に向け動き出しました。

母は、南国の女性にはめずらしくハーフのような色白で華奢《きゃしゃ》な人でした。父はその後に

2度会っただけの私から見たら、色が黒く精悍《せいかん》な顔だちで、きっと美男美女の組み合わせ。混乱の中とはいえ若い二人が急接近したのは想像にかたくありません。

気が強く、働き者の母は潔癖なところもあり、父の女性に対してだらしないうわさを耳にしたことも、許せなかったと後になって話していました。

意志が強く頑固な母と、女性にだらしない自由奔放な父は引かれ合い、恋に落ち、妊娠が分かったと同時に二人は別れたのです。

その後は会うことすら拒んだというのは、母らしいと思います。

私を産んで3年後に母は、祖父や叔母の勧めた人と再婚します。私を祖父母に預けて新しい所帯を持ちました。

当時、女が生きていくには結婚という手段しかありません。

祖父が私を可愛がって手放さなかったと母は後に私に言い訳のように言っていました。記憶の中でも祖父が私をひとときも手放さず、畑仕事をするときも常に側にいたことを思い出します。

家から畑までモッコを担ぎ、片方には鍬《くわ》やカマを入れ、片方には私を乗せて畑まで歩いていきます。道すがら出会う人からも声をかけられ、畑の側で一人遊びしているときも周りから声をかけて可愛がられたのは、不憫《ふびん》な子どもへの皆の優しさだったと思います。

沖縄の環境は貧しかったですが、大らかな土地柄だったため、皆貧乏を自覚することもなく、子どもの私は夢ばかりを追っていました。

祖父は教育熱心で私にたくさんの経験をさせたいと、どこへでも連れて行ってくれました。豊かでない暮らしから逃れるために、移民政策が取られたのもその頃。親戚の多くが、南米、ハワイへと、沖縄を離れ移民になることを選択しました。

幼馴染の親戚の一家が旅立つとき、祖父は私に大きな船を見せてあげたいと、バスで2時間もかかる那覇の港に連れて行ってくれました。

大きな船が港に横付けになって、壮観な姿に見とれていると、祖父はとことこと船の中に入って行き、船員に話しかけていました。中を孫に見せてあげたいと交渉したのです。

船員も喜んで、船の中に案内してくれました。

船の中とは思えないほど大きく、まるで建物の中にいるようで、好奇心いっぱいの私は「ブラジルまで何日かかるの？」「食べるものもたくさんあるの？」とワクワクしながら見て回りました。

祖父はいつでもどこでも私を連れて行き、沖縄の土地問題が起こったときの市民集会や選挙演説会などにも連れて行ってくれました。

戦争に負け、こんな苦しい生活をしているのに、そのうえ土地まで取り上げられるのかと激しい反対運動が起こっていたのを、子どもの私はよく理解できないながらも、肌で感じることができました。

私の好奇心の強さは祖父が育ててくれたのかもしれません。

おかげで私の好奇心は旺盛《おうせい》になり、次第に祖父母は私の知りたいことにきちんと答えてくれてないことに気がつきはじめました。

あるときの会話で、私が「小学校の後は中学で次は高校、その次は大学、その次は何があるの？　私はその次まで行きたい」と聞いても答えられずに、ムニャムニャとごまかしていました。

そこで「おじいちゃんは、大学を出たの？」と聞いても、「昔はそんなものは知らなくてもよかった」などと、答えをはぐらかすことが多くなったのです。

ごまかすふりをしている祖父母を困らせてはいけない、聞いたら困ることだ、とある時期からは何も聞かなくなりました。

できるだけ喜ぶ話をしようと、将来は学校の先生になるなどと話していました。きっと学校の先生というのが一番喜ぶだろうと思ったのです。

幼稚園に通い始めてから、覚えた歌やお遊戯を毎晩披露《ひろう》するようにもなりました。

どこかで寂しい感覚もありました。幼稚園の友達は、お兄さんやお姉さんからいろいろな情報を仕入れてきて、新しいこと、流行っている歌のことや映画の話をしたりするけれど、私は何も知らないまま。祖父母に聞いても分からない、誰か教えてほしいという思いにとらわれていました。そこから「私は何も知らない」。そんな劣等感がついて回るようになっていきました。

突然の母の帰還

小学校３年になった頃、環境が一変しました。

母が祖父や叔母に勧められた人と離婚して、弟２人をつれて（３人の内１人は叔母のもとに）祖父母の元に戻ってきたのです。最初はにぎやかになったと喜んでいましたが、今まで一人っ子同然に気ままに過ごしていたのに、２人の弟の面倒を見なければならなくなりました。大家族になり、家事の負担も大きくなり、私は新しい環境を受け入れるのに苦労しました。

当時、我が家には、母の弟で末っ子の叔父も同居していました。

叔父は私とは10才も離れているので、妹のように可愛がってくれました。しかし、時々連れてくる彼女に対しては、横暴な態度を取るのです。命令ばかりで口論が多く、ときには暴力を振るうこともあり、そのうえ仕事も長続きしなかったようで、我が家の雰囲気は暗くなりました。

私はそんな叔父を見て、混乱し、ひどく傷つき、男性に対する不信感が強くなっていきました。

母だけの働きで暮らしていたにもかかわらず、経済的な不自由さを感じないでいられたのは、商売をしている叔母の援助があり、また当時の沖縄は皆何もない暮らしが当たり前だったからでしょう。

競争もなく、貧しいので男も女も働くのは当然です。大人は生活するのに必死で、勉強をしなくても何も言われませんでした。

中学に進学する頃から、何となく我が家の経済状況が苦しいことが分かってきました。

しかし、ただ現実から目を逸らして逃避をしていた私は、自分が甘やかされて育っていることには気づきもせず、叔父に対する反発心だけを強くしていました。

叔父の横暴さは時々祖母にも向けられ、言いなりになっている祖母が気の毒で怒りをつのらせることが多くなり、次第に心の奥で反抗心は発酵《はっこう》し始めていました。

祖父が亡くなり、母も仕事のために私たちを置いて住み込みで働くようになり、家には祖母と弟たちと定職もない我がままな叔父だけ。そのうえ、叔父は心配の種を持ち込んでくる厄介者でした。

私は高校に進学すると、出口の見えない暗いトンネルに入ったようで、プチ引きこもりになり、学校を休むことも多くなりました。大学に進学したいのに、環境はどんどん遠のいていくのです。

高校を卒業後、進学の夢が叶わなかったのに働くこともせず、自暴自棄で何をするにも体がだるく、体調は最悪になっていました。

ついには医師から安静するようにと言われ、それからは堂々と引きこもる状態になってしまいました。

引きこもり、うつ状態の日が1年も続いた頃から、祖母も憔悴《しょうすい》していることに気がつきました。背中が丸くなり、ぼーっと茶をすすっている姿を見て、「このままではいけない、辛いのは私だけではなかった。バイトをしながら東京の大学に行こう」と少しずつ自分の将来を思い描くようになってきました。

　大学に行くための勉強はせず、成績も芳しくないのに気持ちだけは東京の大学へ行くことばかり。海で遭難しかけましたが、やっと小枝を見つけて助かるかもしれない、と必死にしがみつき、手足をバタバタさせ始めていました。

出産、1年足らずでまさかの離婚

　バイトを始めてからは、東京へ行くという夢は頭の片隅に置き、はじけたように遊び始めました。遊ぶ場もない土地のため、夜の海にグループで泳ぎに行くといった程度ですが、今までの引きこもりから一転、祖母の手伝いをするでもなく、家には寝るだけに帰るという生活をしていました。そして遊びの延長で付き合っていた人と子どもができてしまったのです。

　その後も私は出産、結婚、離婚、復縁、再度の離婚と繰り返し、6年間、紆余曲折過ごすことになります。

結婚なんて考えたこともない、いや結婚しないと決めていたのに、子どもができてしまった。そのときは、迷いやためらいがあったものの、なぜか産みたいという意志が強くありました。

子どもを産んで育てるということが、どういうものか全く分かっておらず、まさに無知そのもの。その後も無知が子どもを巻き込み、周りを翻弄《ほんろう》させますます自分を見失うという迷走人生が待ち受けていました。

子どもが産まれたら〝入籍〟という手続きが待っていて、入籍するということは〝結婚〟するということなのだと、そのとき初めて知りました。しかし、私の無謀な行動は続きます。

私は子どもを育てながら、家庭に入るのではなく、働くことを考え始めていました。なぜか、やっと引きこもりから抜け出られたような爽快感を感じていたのです。

ところが夫となった男性は、私より一回りも歳上で、「働くなんてとんでもない」という考えの持ち主でした。働けないなら離婚するしかない、と短絡的に考え、家を出ていく準備をしました。

夫は離婚に反対すると分かっていましたが、私にはトンネルから出た勢いがあります。ここで迷うことはありませんでした。

強引に子どもを連れて、ご丁寧に離婚届けを出し、離婚はすぐ成立。1年足らずの結婚生活で実家に帰っていきました。

母が怒るのは当然で覚悟のうえでの離婚です。

「ごめんなさい」と謝って済むことではありませんが、母は孫娘がきた以上、追い出すわけにもいかず、渋々受け入れてくれました。

きっといつかは夫の元に戻るだろう、と私の行動の結果を見抜いていたようです。何しろ母は女手一つで子どもを育てたのですから、どんなに子育てが大変かを知っています。また私には何を言っても響かないということも分かっていたのでしょう。母の悲しい目も当時の私の心には届きませんでした。

再婚、出産、そして再び、離婚へ

昔から沖縄は女性が働くのは当然という土地柄です。貧乏が当たり前の経済状況だったため、子どもは保育園に預けるのが当たり前でした。祖父母に預ける親も多かったですが、子どもにとってよりよい教育環境が整っている保育園のほうが求められていました。

問題は仕事でした。企業が少なく、小規模の個人商店か飲食業かサービス業しかない現実にぶつかったのです。

娘が10カ月になった頃でした。仕事探しもうまくいかず、保育園に迎えに行って家に戻ってみると、娘の背中に歯形の傷がついていることが何度か続いたのです。

傷ついた娘の背中を見て、娘に「ごめんね」と謝りながら、初めて私は自分のしていることに心が揺らぎました。でも私の選択は間違っていない、もう引き返さない、と自分に強く言い聞かせ、さらに仕事探しに飛び回りました。

その間、前夫は元に戻ってやり直したいと根気強く私ばかりか、母にも説得して来ていました。母も、娘の背中についた歯形の傷を見たときから、私にいつ切り出そうか迷っていたそうです。叔母も一緒になって私を説得しにきました。

「女は子どものためにも我慢することが大切」「皆我慢して生きているのだ。結婚は幸せになるためではない、子どもを授かり、育てていかなければならないものだ」「母が離婚したのは、夫が働かなかったからだ。それに比べればお前の夫は働き者ではないか。男は働いてくれさえすれば、何も言うことはないの」と泣き落とし、夫の元に戻るよう強く説き伏せました。私は子育てするだけのために我慢なんてしたくない、自分が生きているという実感が欲しいのだ、とこれまで母と何度も言い争いを繰り返した言葉を投げつけましたが、そのときは仕事もない、これ以上実家に甘えることもできない、経済的に母への負担をかけていることが大きいと知り、弱気になり、このまま前夫の元に戻らないということもできなくなっていきました。そのため再び娘を連れて、前夫の元に帰っていったのです。

再び妊娠、出産。ここで再度前夫と入籍しました。

そして息子が生まれて半年もたたずに、また私は性懲りもなく強引に家を出たのです。

当時の私は23才。家を出るとき律儀に離婚届けを出すのは私にとって覚悟の表れですが、前回のこともあるし、腹をくくると自分に何度も言い聞かせ、タイミングを見計らってシミュレーションもして行動しました。

母が入院し、手術をしなければならなくなったと聞いたとき、「今だ！」と思って用意してあった離婚届けを置いて再び家を出ました。

これで書類上、2回離婚したことになりました。

私を経済的に自立させてくれた2人の子ども

前回、学習しているので、腹をくくって水商売でも何でもする覚悟はできていました。そのため、アパートを借り、実家には戻りませんでした。母も病み上がりで、負担をかけるわけにはいきません。差し当たって、アルバイトでつないでいこうと思いました。

不思議なことに、前回あれほど仕事探しに苦労したのに、偶然の神様が拾い上げてくれたのかと思うほど、仕事の話が舞い込んできました。

友人がタクシーガイドの面接に行ったとき、付き添いの私も誘われ、私のほうが受かってしまったのです。フリーの契約をして依頼があったときに出向くという仕事でしたが、実際はタクシーガイドの仕事はなく、ほかの飲食店でアルバイトをしていました。

そこで知り合った人からの紹介で、新規の公共観光バス会社の設立準備スタッフとして話がとんとん拍子で進み、手厚い待遇で採用されました。

子どもが2人できたことで、やっと私は目覚め、トンネルから抜け出ただけでなく一気に山頂に向かって走り出しました。なんと遠回りしたことか。2人の子どもが私を自立させてくれたのです。

仕事は順調でした。やりがいもありました。

観光バスのガイド採用から育成までが主な仕事ですが、私はガイドの経験がないため、ガイド経験者の採用や観光案内の脚本づくり、バスガイドのシナリオ作成、若い女性社員の総合管理などを行っていました。

沖縄に観光ブームがやってきて、若いガイドさんの訓練にも一緒に精を出しました。

仕事も安定し、楽しく生きがいを感じ、自分の家も新築することになりました。

それでもシングルマザーで子ども2人を育てることができたのは、母がいたからこそ。子どもの保育園の送迎や、食事の世話、すべてを母に頼っていましたから。

それから3年くらいたった頃、再び私の中に物足りない不全感が頭をもたげてきました。

大きな船からさらに陸地へとはいあがり、自分の家まで建てることになったのですが、「これではない」という感覚が出てきたのです。

はたから見れば我がままの極みでしょう。でも10代の頃からずっと持ち続けた「何かやりたい」という思いは膨らむばかりです。

やりたいことはこの生活ではない、ほかにある。今のままこの仕事を続けることではない、という思いにとらわれ始めていました。

いよいよ自分の家を建てる話が具体的になって、着工となりました。基礎にコンクリートを流し込むのを見ても、作業の手際よさに見とれるばかりで自分の家という実感はありません。漠然としていて自分でもよく分からない、自分の家が建つという喜びが湧いてこないのです。

徐々に出来上がっていく家を見ながら次第に「あぁ、この家に住むことはないかもしれない」という確信のような思いが湧きあがってきました。喜びではない、寂しい思いに、自分でも戸惑いを感じながら眺めていました。

家が完成し、友人にもらった祝いの絵を額縁に入れ、リビングにかけながらも、寂しい気持ちは深くなるばかりで複雑な思いは続いていきました。

これ以上母に心配をかけることもできないと葛藤《かっとう》は続きましたが、私は離婚をするとき、子どもに私のしたことを納得してもらうためには、「お母さんは、幸せだ」と言える人生を送らなくてはならないと思っていました。

言い訳かもしれない、子どもにこんな思いをさせたからには、何のために離婚までしたのか。子どもを引きずり回し道連れにしている、その責任は自分にある。私は幸せになる責任があると思っていたことは明確でした。

そして、会社を辞め、人材育成の仕事をフリーで始めることにしました。フリーなどとカッコいいことを言っても、そんなに仕事などあるはずがないことは分かっていました。しかし、母を説得するための口実が欲しかったのです。

実は、このとき私は東京行きを実現させたいという思いがありました。

母は当然、話を聞いて激怒しました。「親子の縁を切る」と叔母から口づてに聞きましたが、「母を裏切ったのだから当たり前」という思いとともに、どこかで「私はあなたに育てられたのではないから」という、密かな復讐もあったのかもしれないと今では思っています。

祖父母に私を預け、我が子を捨てたのではないかという思いが、母に背いた行動をするたびにことごとく言い訳のように出てきました。母に似た自分の気の強さとは自覚できず、こんな気の強い母に育てられなくてよかったという思いすらあったのです。

東京での困った生活

　母を激怒させながらも、東京行きを実現させた私は、まるで水を得た魚のようでした。毎日の生活は充実し、すべてが生まれて初めて味わう幸せ。こんな日々があることを生まれて初めて知りました。

「東京に来てから、働きながら子育てをするという、未知の世界に飛び込んで不安はありませんでしたか?」とよく聞かれますが、負け惜しみでもなく当時の私は本当にワクワクした楽しい毎日を送っていました。

　その理由の一つに、夫の存在があります。実はフリーになって1年後、現在の夫と出会い、それをきっかけに子ども2人と東京へと飛び立ったのです。夫とは出張で沖縄と東京を行き来してたことから、仕事の仲間としていろいろ相談していましたが、結婚することは考えていませんでした。何しろ、こちらは2人の子どもを抱えて、これからどういう生活が始まるかまるで分からなかったこと、また安易に結婚して失敗したことから、今後は今まで自分がやりたかったことをするのだとも強く思っていました。

私は紙の上とはいえ、2度も離婚をしています。結婚の意味がよく分かっていないとも感じていました。

しかしそんな私を夫は本気で迎えに来てくれました。母や周りの女性たちには夫のことは話していませんでした。そのため、不安と怒りとで狂わんばかりに責めてくるのは当然だと感じていました。

その後、夫とは20年間、夫婦別姓を続けることになり、入籍したのは50才になってからでした。

夫が優しく、子どもたちと仲良く過ごしていることもあり、私の細胞の隅々まで自由で活き活きしているのが分かりました。夫と一緒に住み始め、家族4人で穏やかに暮らすという幸せをかみしめながらも、あくまでも同居を続けていました。

そんな東京での衝撃の一つが、保育園が少ないことでした。

子どもを預けて働きに出る主婦はいないという前提で社会が動いていることに、カルチャーショックを受けたのです。

大人は働くのが当然で、子育てだけで家にいるというのは、たとえ経済的不安がなかったとしても、私には考えられませんでした。何しろ自分らしい働き方はないかと求めて上京してきた私には、何もしないなんて「もったいない」と思ったものです。

同世代の女性が一日中、家で何をしているのだろうと不思議でしたが、後に子どもの教育に情熱をささげていたことを知りました。

そんな中、何とか下の子は保育園に預けられたものの、学童保育なんてない時代です。母親が働くことは子どもを鍵っ子にするのと同じ意味で、実際に子どもを鍵っ子にしていることに罪悪感が付きまとっていました。

今までは、私が忙しくしていても母や叔母、従妹たちがこぞって子育てに関わってくれていたので、そんなことを気にすることはありませんでした。幸せな生活の中でも、子どものことは最大の悩みでした。しかし子どもは屈託なく、今の生活を受け入れ、親が仕事から帰ってくるまで元気に公園をかけ回って遊んでくれていました。

子どもはすべての運命を親に託している。勝手に振り回されていることに不満も言わず、これからの人生を母にゆだねているのだ。こんな私を信頼してくれていると思うと涙が出てくることもありました。
無邪気な子どもの表情を見ていると、力が湧いてきました。
この子たちを幸せにしたい。
そんな「子育てへの想い」が私の自分探しの始まりでもありました。

Chapter II

第 II 章

アドラー心理学と出会って変わった私

〝自分探し〟の始まり

私は次第に東京の生活にも慣れ、当時、考える主婦の投稿誌「わいふ・横浜」というサークル活動をする仲間に出会い、ますます充実した日々を送っていました。

「わいふ・横浜」のサークル仲間は、育児をすることだけを求められている現在の社会の仕組みに疑問を持った女性問題に関心のある女性たち。自分に合った生き方は何かと、積極的に活動しているグループでした。

高群《たかむれ》逸枝《いつえ》『女性の歴史』（講談社文庫）の読書会をしたり、講演会を企画したり、ときには子連れで泊まり込み勉強会をしたりと、私はママ友や地域の付き合いも最小限にして、サークル活動にのめり込んでいきました。

この活動を通して、社会への関心が強くなり自我意識が育ったように思います。着実に人生を歩んでいる女性たちと活動していると、今までもがき苦しんだのはここに来るためだったのだ。本音で話し、前に進んで行こうとしている人たちにやっと出会えたという思いでいっぱいになりました。私の原点でもあります。

仲間からたくさんの刺激を受け、アドラー心理学を学ぶきっかけになったのも、心理の世界の先輩に出会えたこの活動から始まりました。

当時の女性は、結婚と同時に家庭に入る、寿退社で会社を辞めるのが当たり前でした。専業主婦という立場に甘んじなければならない、そんな社会に女性が不満を抱いて女性運動が高まりつつあった頃です。

１９６０年代末から欧米で生まれた、人権運動の流れで女性運動に発展した第二波フェミニズム運動が日本でも盛んに取り上げられるようになっていました。マイノリティである女性の社会的位置づけを考えようと、日本にも遅れてやってきたフェミニズムに刺激を受けて、私たちの小さな活動が始まったのです。

男社会のシステムでどうやって、女性も自由に自分のやりたいことができる社会を作れるか。読書などを通じて、真剣に語り合い、勉強していました。

必然的に「今の自分たちの夫婦関係はどうなのか」、「子育てはこれでいいのか」と行きつき、それを見ていた夫たちからは学生ではあるまいし、青臭いと批判されることもありました。仲間のほとんどが経済的に夫に依存していたのですから、最もな意見です。

経済的自立をしないで女性の地位など向上することはできない、経済的な自立を優先すべきだという考えと、それでは男性と同じ道を歩むことになる、まずは精神的自立が大切でそれを子育てに活かすべきという考え方に分かれて、熱く議論していました。

今、考えると何と青臭い議論をしていたのかと思うのですが、当時は真剣でした。

働かなければ生活が成り立たない私には、経済的に自立しないでは社会の矛盾、働く現場での女性に対する理不尽さなどは把握できないという思いがあったので、経済的自立か精神的自立かなどはナンセンス、思想以前の問題だという立場でした。

その頃、私は旅行会社でアルバイトをしていました。添乗員の補助の仕事で、家を空けることができないことを条件に仕事をしていたので、繁忙期以外は学ぶ時間や活動する時間がとれたのです。

これからの子どもには男の子、女の子関係なく精神的自立と経済的自立が必要。自分のことは自分でできるように自立教育を実践しよう、と家事も子育ても皆一生懸命の仲間たちでした。

沖縄から出て来たばかりの私の事情も理解し、働いていることや、夫と同居しながらも入籍していないことなどを肯定的に受け止めてくれたことにも励まされました。仲間たちも働くことを目指して活動し、今後の生き方を模索していたのです。

子どもたちが小学校に入学すると、仲間たちはつぎつぎと仕事を見つけて動き出し、活動もしりすぼみになっていきましたが、その後も細々と情報交換をしたり仲間との交流は続いていきました。

私の東京での生活も落ち着き、「大学に行く」という自分の一歩を踏み出すことを考え始めていました。

アドラー心理学との出会い

考える主婦の投稿誌「わいふ」から生まれた横浜グループの仲間たちを通して、もう一つ「アサーショントレーニング」を学ぶ機会を得たことが、アドラー心理学を学ぶことにつながっていきました。

アサーショントレーニングとは、自己表現トレーニングの一つ。自分と相手の両方を大切にしつつ、率直に自己表現することを目的としています。

当時、フェミニストカウンセラーとして著名な河野貴代美さんが、アメリカの大学で学んで日本に戻ってきたときで、私たちは河野さんから日本で初めて女性対象のアサーショントレーニングを学んだグループとなりました。河野さんは、のちにお茶の水女子大学客員教授、NPO法人日本フェミニストカウンセリング学会代表理事も務めます。

長年日本を離れていた河野さんは、日本の実情に疎くなっているかもしれないが、日本の女性の引っ込み思案の特性にアサーションは必要だと感じていると話していました。

はたして、女性だけを対象にアサーショントレーニングが行えるのか、引っ込み思案の女性にアサーショントレーニングは効果的か、モデルグループになってくれないかと始まった講座でした。

皆好奇心いっぱいの女性たちでしたが、引っ込み思案ということは、自信を持って言えました。自分たちも典型的な日本の女性だったことに気がついたのも、この講座のおかげです。

なかなか友人からの長電話を切ることができない、職場で不都合なことがあっても率直に言えない、誘われたときに断れないなど、今までにないテーマに私たち仲間は喜んで、河野さんのアサーショントレーニングを受講しました。

河野さんのアサーショントレーニングは、焦点を絞り、そしてその状況を設定してロールプレイをしていくというやり方です。

どうして長電話を切ることができないのか、何が自分の中で起こっているのか、電話を切ることで相手に嫌われないかと恐れているのではないか、もしそうだとしたらその恐れはどこからきているのかと深く掘り下げていき、徹底的にロールプレイをしながら自己洞察を深めていきます。アサーションを学びながら、私は心理の講座の楽しさを体験し、自分が今後やりたいことを見つけていけそうな気がしていました。

アサーショントレーニングが終わり、河野さんから学びたいことはたくさんありましたが、私は生活のため仕事もしなければならないので、その後の河野さんの講座に参加することはできなくなっていました。

アサーショントレーニングをきっかけに、心理学に興味を持ち始めた私は時間の許す限り、ワークショップに参加するようになりました。

そんなある日、街の本屋で目に止まったのが、アドラー心理学の本『〝やる気〟のある子に育てる法』（著：ドン・ディンクメイヤー、ゲーリー・Ｄ・マッケイ／発心社）でした。本書には、アドラー心理学を基に開発された子育てプログラム「ＳＴＥＰ」について記載されています。私はパラパラとめくっているうちに、夢中になって読み進めて、立ち読みで読破してしまったのです。

これならできそうだと思った私は、いてもたってもいられないほど興奮して、「これをやりたい！　やろう！」と思いました。そして早速行動開始。仲間に話して、勉強会をしようと働きかけ、たくさんの人に呼びかけようとチラシを作り、熱く語っていたのです。あれよあれよと動き出す私に仲間はポカンとしているばかりで、振り返ると私一人で動いていました。

一人で街の中を歩きながら、鞄に詰め込んだ勉強会のチラシを、丁寧に掲示板や電柱に貼っていきます。まだのんびりした時代で、知らない街で勝手にチラシを貼っても文句は言われず（少しは気が引けていましたが）、用意していたチラシは瞬く間になくなっていきました。

同時に、私は出版社に電話し発売元のＧ研究所を紹介してもらいました。

Ｇ研究所は当時、これからアドラー心理学を導入したいと計画している企業研修の会社で、いくつかのプログラムを基に社員研修を行っているところでした。Ｙ所長とつながることができ、私が勉強会をしたいという意志を伝えると、とても喜んでくれました。

そのことがきっかけで、後にＹ所長から私に電話が入り、Ｇ研究所で働いてほしいという話までとんとん拍子に進んでいきました。

G研究所では、『〝やる気〟のある子に育てる法』の著者である、ドン・ディンクメイヤー氏に会い、直接アドラー式子育て「ＳＴＥＰ」の講議を受けることができ、まさに幸運としか言いようがありませんでした。

その後「ＳＴＥＰ」の初のリーダーとしての体験の場を与えてもらったことは、感謝してもしきれません。ついに私の生涯のライフワークとなる、アドラー心理学へたどり着きました。

しかし、現実はG研究所にしてもアドラー心理学を本格的に取り入れることはなく、ドン・ディンクメイヤー氏に出会ってわずか2年後、私は転職を強いられることになります。

そういえば、G研究所に勤め始めたある日のこと、新宿の街で河野貴代美さんにもバッタリ出会いました。

私は人ごみをかきわけ、河野さんにかけ寄って興奮しながら話しかけました。

急いでいる様子でしたが「私、アドラー心理学を学んでいるんです」と話したところ、大きな目をして笑顔いっぱいに「ぜひ、アドラーを学んでください。私がもう一度、学ぶチャンスがあったらぜひ、アドラーを学びたいくらいです」と心強い言葉をかけてくださり、足早に人ごみの中に消えていきました。そのときの光景は今もはっきりと脳裏に刻まれ、忘れられない出来事です。心の中で「よっし」とガッツポーズをしていました。

アドラー心理学の研究所〝ヒューマン・ギルド〟にて

G研究所を辞めた後、私は企業の小集団活動を指南することを主としている会社に勤め始めました。そこでは大手の企業に小集団活動の研修を勧める営業担当の仕事をしていました。

そしてその頃、G研究所で知り合った人からアドラー心理学による個人向け講座、法人研修、カウンセリングを行っているヒューマン・ギルドの存在を教えてもらいました。早速教えられた住所に行き、代表である岩井俊憲氏に会いました。岩井氏は人懐っこい笑顔で接してくれ、その温和な人柄に触れ、「ここでまたアドラーが学べる‼」と私は飛び上がるほど嬉しくなりました。

アドラーに取りつかれた私は、仕事が終わるとせっせと受講生として神楽坂にあるヒューマン・ギルドに通うようになりました。

ヒューマン・ギルドに行き、エレベーターを待っているとき、はやる心でウキウキと気持ちが高揚していくのを感じたのは、懐かしい思い出です。

研修室とオフィスは入り口で靴を脱ぎ、スリッパに履き替えて入る仕様になっており、私は靴を脱ぐたびホッとした安心感を感じ、気持ちを切り替えることができました。

ワクワクする、新しい世界を知るということはこれほど人を虜《とりこ》にするものか、と大げさではなく思いました。

月に1度、開かれるアドラー講座の講師はあの、ドン・ディンクメイヤー氏が話していた、日本におけるアドラー心理学の草分け的存在である精神科医・ミスターＮＯＤＡこと、野田俊作先生です。

野田先生の理知的で個性的、巧《たく》みなユーモアと話術と縦横無尽《じゅうおうむじん》に論理的世界を語る講義は人の心を引き付けます。オーラがあふれるカリスマ的存在でした。

アドラー心理学基礎講座、カウンセリング講座を受講し、新しい世界に触れ、ワクワクの連続。オープンカウンセリングが開催される日は、会場に入りきらないほどの参加者で、立ち見席ができるほど研修室は満杯でした。

オープンカウンセリングはライブですから、マジシャンがマジックを披露《ひろう》するような空間が生まれます。

相談者の悩みを聴き、参加者を巻き込み、時折解説を加えながら進めていく野田先生の話は、例えるのは失礼ながら、漫才を聞いているより面白かったです。相談者だけでなく、参加者もいつの間にか相談者と自分を重ねてしまい、笑いあり、涙あり、クライアントの体験を追体験《ついたいけん》しながら興奮していました。集まった人たちの熱気と、むんむんした匂いは今でも脳裏に焼き付いています。

私は講座のない日も何かと口実を見つけてヒューマン・ギルドに足しげく通い、スタッフ同様にニュースレターの発送作業を手伝ったり、少しでもアドラーの雰囲気に触れていたくて、まるでアイドルを追っかけるファンのようでした。

長年、雲にすっぽり覆《おお》われた空の下でしゃがみ込み、何度か奮い立ち、前へ、前へと歩いてきました。母との縁を切ってまで歩いてきて、やっと陽の光が差し込んできたという思いがありました。自分を受け入れるようになって、素直に母に「私は今、幸せです」と何度も話し、「離れて子どもを育ててあなたの大変さが分かるようになりました、ごめんなさい」と伝えることができるようになったのです。冷え切っていた母との関係も次第に溶けて、元の親子関係に戻っていきました。

特に、アドラー心理学の中にある自己決定性という視点、すべて自分で決めているのだという考え方に出会ったとき、今までの自分のやってきた行動がオセロの駒が一気にひっくり返ってずらっと白が並んだようにつながってきました。今のままでいいと「勇気づけ」られたのです。

自分で決めて、強硬に行動したことに後ろめたさを持っていた自分を受け入れられるようになり、「母親である私が幸せでないと子どもに申し訳ない、自分が幸せになることが大事だ」と改めて、自分で決めたことに気づくことができました。

子どもの頃から、自分の道を探し続け、離婚し子どもを引き連れ東京まで来たのは、アドラー心理学に出会うためだったと、心底思いました。

愛と勇気づけの親子関係セミナー「SMILE」開発

ヒューマン・ギルドでも、やがて日本の家族をモデルにした親子関係プログラムを作ろうという企画が生まれ、女性４人で、愛と勇気づけの親子関係セミナー「ＳＭＩＬＥ」の開発が始まりました。開発メンバーに私も加わることになったのです。

私は、Ｇ研究所で受けたドンディックメイヤー氏の開発した親子関係プログラム「ＳＴＥＰ」の開発現場で働いていたこと、「ＳＴＥＰリーダー」としての経験があったことがメンバーに誘われた理由ですが、アドラー追っかけでヒューマン・ギルドに入りびたっていたのも大きかったと思います。

メンバーは、私を含む４人で構成され、経験も立場も違いますが、アドラー心理学を学ぶ熱心な人たちです。チーフはヒューマン・ギルドの事務局のＳさんで、元は児童養護施設の職員として働いており、現場経験の豊富な女性でした。Ｋさんは専業主婦でしたが、大学で心理学を専攻し、カウンセラーとして活動し始めたところでした。もう一人のＴさんは、幼児教育に携わっていたベテランの幼稚園教諭です。そして会社員の私で、皆私より先輩です。

野田先生の監修指導の下に始められたプロジェクトで、日本の家族をモデルにした親子関係とはどんな家族構成にしようかなど、意見を述べ合い、試行錯誤が始まりました。

週1度、ヒューマン・ギルドで集まって討議をし、章立てから始めて、ボードに皆が発した言葉を書き込み、文章の流れを作っていく作業をしていきました。

プログラムを作るということは初めてで、進め方にかなり時間がかかり、焦《あせ》りと不安を感じながら、行きつ戻りつの連続でした。皆仕事を持っていて、手順を充分に話しあう時間すらとれないもどかしさを抱えながら進んでいきました。

良い方法はないかと議論し、それぞれが持ち帰ってテーマに沿って、解説の文をまとめて寄せ集めていくことになりました。それでも辻褄《つじつま》が合わなくなると、振り出しに戻ったり、手探りで進めていきました。

私は主としてゲームやロールプレイの案を考える担当になりましたが、一部だけを担当する私と違い、全体を束ねるリーダーの労力は大変なものであったと思います。

まとめた原稿を野田先生に監修してもらうため、大阪に行って意見を聞いて戻って来てやり直し、素人なりに率直な意見や疑問をまとめて作成していきました。

この「ＳＭＩＬＥ」作成が始まった当時は今のように資料や書籍も皆無に等しい時代です。

そんな中とはいえ、私はアドラー心理学の学びが足りないと痛切に感じ始めていました。

当時の私はアドラー心理学を学んでいたものの、まだしっかりと基本的な理論が身についていないのを自覚する日々でした。落ち込んでしまうことも多く、自信を無くしたこともありました。

共同体感覚もよく理解できていない、相互尊敬、相互信頼とただお題目のように唱《とな》えているだけ。字面に納得しただけで、腹の底に落とし込むこともできていなかったのですから、無謀《むぼう》そのものともいえます。

親子の間で尊敬や信頼はどんな場面で感じるかなどと議論しても、親子だから愛情があるのは当たり前だと思い込んでいる、ノー天気な私です。

母は絶対私たちを見捨てないという信頼に支えられていたと、今なら洞察できますが、当時は母との確執も深刻にとらえていなかったのです。

ノリの良さ、若気の至りで喧々諤々《けんけんがくがく》楽しんでいましたが、さすがに野田先生から突き返されたときは愕然《がくぜん》と落ち込むことが多く、自分の学びの浅さに自己嫌悪に陥《おちい》ることもしばしばでした。

私は「ＳＴＥＰ」講座を数回やっただけで、現実に落とし込んでいたわけではなく、ただマニュアル通りに進めていただけだったのです。「ＳＴＥＰ」受講者が喜んでくれたのは、マニュアルがしっかりできていたから。マニュアルの力を痛感しました。

「ＳＭＩＬＥ」開発は学びの浅さを味わうプロセスであり、学びの作業でもありました。

でも、「ＳＭＩＬＥ」を開発することで、学んできたバラバラのピースを一つの絵画のように組み合わせていく楽しさも味わいました。納得感が増し、世界像がどんどん広がっていく喜びは、作る人に与えられた醍醐味《だいごみ》かもしれません。

メンバーの一人が持っている、軽井沢の別荘を借りて泊まり込みで討議したことなど、学生時代劣等生《れっとうせい》でプチ引きこもりだった私には、学ぶことの楽しい経験を味わった忘れられない思い出です。

「ＳＭＩＬＥ」の最終追い込みに入る頃は、出来上がったと思っても、また後戻りを繰り返し、疲れが出てくることもたびたびで、完成したときはメンバー全員が気の抜けた状態でした。

不登校の息子が教えてくれたアドラー心理学の真意

その後、仕事を続けながら「ＳＭＩＬＥ」を細々と、受講生が３人でも集まればどこでも開催しました。

塾、団地の集会所、個人の家のリビング、不動産のショールーム、地域コミュニティの場など、口コミだけで広がっていったのです。

私がアドラー心理学に生きがいを見出し、仕事をしながら自分の勉強を続けていくことに夢中で、家族のことをおろそかにしていたことに気づくことになる、ある問題が起こりました。

息子の不登校です。

子育ての不安から始まったアドラー心理学なのに、どこかで大きくズレていたことに気づきました。

最初は、「どうしてアドラーを学んでいるのに」と思いましたが、自分は母親だから子どものことは分かっている、子育ての勉強もしている、私が家を空けても夫と子どもの時間も必要だと言い訳している自分がいました。知らず知らずのうちに自己中心の傲慢《ごうまん》な自分がもたげていたのです。さすがに迷い、落ち込み、アドラー仲間とも会いたくなくなりました。

アドラー心理学とお題目を唱《とな》えるように突っ走っていた自分は、大きな壁にぶち当たり、立ち止まってしまったのです。

子どもが寂しい思いをしていることを分かっていたのに、仕事や楽しいアドラーの学びに夢中になり、自分のことだけを優先して、子どもの課題と言い訳をしていました。しかしそれは自分の課題であることにやっと気づいたのです。

仕事を辞めて、子どもに付き合うべきかどうか迷いましたが、仕事を辞めると、そのことできっと子どもに心理的負担を与える。共同の課題にしていくにはまず、子どもとじっくり向き合うことが大切だと思い、夜に話を聞いたり、時々会社を休んで2人で公園に行ったり、遠出をしたりしました。娘は自分は心配をかけないようにと健気に振る舞っています。我慢しているのも、伝わってきました。

息子と海に出かけた帰り道、なぜか中華鍋を買おうということになり、笑いながら帰ったことは今でも、２人の話題になります。

自分もプチ引きこもりをしたことがあったことも話しました。時間がたつときっと大丈夫、お母さんも経験者だからと、夜中まで話し込んだこともあります。

そのうち息子のほうから、家にいるのだからもう少し家の手伝いをする、と言い出して、積極的に家事を手伝うようになりました。私にとってこんな嬉しいことはありません。「ありがとう、助かる」と心から伝え、何かつかえていた重いものが取れたような気持ちになっていきました。学校の先生にも恵まれ落ち着いて過ごすことができるようになり、幸いにして、息子は3カ月ほどで登校開始できたのです。

息子の不登校は、私の行き過ぎにブレーキをかけてくれました。

子どもの不登校によって、「私の一人よがりでしかなかった。自分の正当性を振りかざしていただけ」と身を持って学ぶことができました。この出来事でまた、私は大きく変わることができたのです。この出来事を私は、最初に前夫の元を去ったときと同じ重さで受け止めました。いつも子どもが私に大切なことを気づかせてくれるのです。

今、カウンセラーとして仕事ができていることは、すべて子どもたちが教えてくれたことと思います。

共感すること一つにしても、自分が体験したことが大きく作用するのではないかと感じています。

その後も職場の仲間、地域のママ友とささやかながら「ＳＭＩＬＥ」を開催することは楽しく、続けていきました。

「ＳＭＩＬＥ」には、グループカウンセリングの機能があります。ファシリテーターの役割を担い、参加者がテーマに沿って話しあううちに、さまざまなことを共有し、自分だけ辛いと思っていたことが実は大したことではないかもしれないと勇気づけられて、新たな気づきが生まれてきます。

たくさんのケースに出合うことによって、カウンセラーとしての力を身につけることができたと実感しています。

１９９４年には産業カウンセラーとしての資格を取り、その後日本カウンセリングの認定資格を取得するなどほかの理論学習もしていきましたが、一番カウンセラーとしての力をつけることができたのは、「ＳＭＩＬＥ」を開催してたくさんの女性たちの悩みにぶつかったことであったと思います。

学び始めたのはバブル経済真っ盛り。カウンセラーは専門的な機関に限られており、メンタルの弱い人、困っている人を企業が雇わないのは当然と思われていました。

私はカウンセラーの仕事をしたいから学ぶというより、面白いから学ぶという単純な発想でした。そのため、学ぶための費用を作りだすためにも、たくさんの仕事をしてきました。

会社員や日本語教師として、転職を繰り返してきましたが、転職が比較的うまくいったのは、カウンセラーの資格を持っていたことが大きかったと思います。

一方で大学へ入学することも考え始め、資料を取り寄せ、行動を開始しました。

通信制の大学を選び、仕事、家事、勉強の生活が始まりました。夜間の授業で単位を取るほうが効率的と必死に時間をやり繰りし、朝早く起きて、仕事に行く前に、レポートを仕上げてポストに投げ込む。そんな毎日でした。忙しく過ごしながらも、ダメでもともと、ギリギリまでやってみようという軽い気持ちで、楽しむ余裕もありました。

夜の水道橋の駅に降り立ったとき、ここまで来たという充実感で、卒業はいつでもいいと思ったものです。

そう思ったのは、子どもの教育費、引っ越しと、優先しなければならないことが迫っていた現実もあったからでしょう。

学費が続かなくなり辞めると決断したときも〝挫折〟という悲壮感はなく、次のチャンスにまた挑戦しようという軽い気持ちでいられました。その頃には、心理学の理論を機会を見つけて学んでいたので、「特に大学にこだわらなくてもいい」と悠長に構えることができました。

日本支援助言士協会設立へ

１９９９年、私は横浜で「ＣＬＩＰ・あこーん電話相談室」をボランティアで始めました。カウンセリングの学習会で学んだ女性たちが、自分たちでできることを始めたいと立ち上げたのです。仲間の一人が持っているマンションの一室を提供してくれたことでスタートできました。

運営資金はカウンセリング学習会を開催し、一般の方にカウンセリング理論を学ぶ講座の受講料で賄《まかな》っていきました。その後ＮＰＯ法人へと移行して、自治体から支援金が受けられるようになり、寄付やメンバーの会費も増えてきました。

10年くらいたった頃から、次第にボランティアのメンバーが高齢化し、家族や自分の健康問題などを抱え、活動することが難しくなってきました。電話相談は毎日かかってきますが、留守番電話で対応するなど開店休業状態になってしまったのです。

カウンセリング学習会は、新しいメンバーを獲得する目的もありましたが、なかなかボランティアをするという人も増えません。無償（交通費のみ）の完全ボランティアの限界を感じました。

一方、カウンセリングをもっと学びたいという意見もあり、学習の機会を増やし、参加者が増えれば、受け取れる講座料金も増え、ボランティアの方にも謝礼が払えるのではないかという声も出てきました。まさに試行錯誤の連続です。

活動中の相談員は、電話がかかってくる限り対応していきたいと、熱い思いで資金集めに走り、そして自腹を切っての運営を続けていました。しかし、そんな思いとは裏腹に、運営は徐々に難しくなっていきました。

そのような中、２０１０年に私の古い友人の紹介で知り合った、コンサルタントの本田勝嗣先生から電話をもらったのです。一度お会いしただけで5年もご無沙汰していたので、突然の電話にびっくりしました。しかし不思議と、旧知の人と再会を果たしたかのような懐かしい気持ちがしてきました。本田先生は、私にお願いがあって電話したと切り出しました。

「実は、一般社団法人日本支援助言士協会®という団体を作った。団体名の特許はすでにおりているので具体的な活動に入りたいが、その代表になってほしい」と言われたのです。私は冗談だと笑いながら、話を聞いていました。本田先生は

「自分は、国のお金でアメリカに留学させてもらって今の自分がある。しかしこれからの

日本の若い人たちは、そんな恩恵は受けられないだろう。これからはその恩返しをしたい、それが自分の勤めだと思う」と自分の気持ちを熱く語ります。

「先生のお考えは分かります。私でできることは応援させていただきます。しかし、代表は先生ご自身がなさるべきです」と話し、３週間後に一度、会って話したいと伝え、電話を切りました。その間に、本田先生ご自身の今までやってこられた研修資料が私のパソコンに送られてきました。

そして会う約束の２日前、忘れもしません。本田先生の訃報《ふほう》が入ってきたのです。紹介者の友人によると心筋梗塞《しんきんこうそく》だったそうです。今思い出しても鳥肌が立ちます。聞いたときの私はただ動転し、おろおろするばかりでした。

それから、１年悩みました。

今までお世話になった、講師の先生方に相談すると、「力を貸すからやりなさい」という言葉をいただきました。代表になるべきかどうか悶々とした1年後、本田先生の遺言を託されたという思いで、日本支援助言士協会®を立ち上げることにしました。

しばらくは「ＣＬＩＰ・あこーん電話相談室」と兼務しましたが、電話相談のほうは後任に託し、日本支援助言士協会®の運営に力を注いでいきました。

ＮＰＯ法人と大きな違いはありませんが、ＮＰＯ法人は営利を目的にしない、一般社団法人は公益性を保ちながら、株式会社と同じように利益を目的にしていくという違いがあります。

スタッフは電話相談室の運営メンバーで始めたので、ボランティアの精神はありますが、私をはじめ経営に慣れていないところが弱みです。

新規の事業の取り組みが心もとない状態で始まりました。

日本支援助言士協会®は大学の先生たちの指導のもと「コミュニティ・カウンセラー」を認定する団体として稼働し始めました。

資金はまたもや、寄付をしてくれる人に頼ることとなりました。何ともありがたいことです。本田先生に見守られていると思える幸先のよいスタートで、本田先生のご自宅に伺いお仏壇にも手を合わせてきました。

経理担当者の資金の使い込み

経営の経験もない、資金も潤沢ではないのに仲間には恵まれました。信頼と尊敬、共同体感覚の育成を目指しているアドラー仲間が、コミュニティ・カウンセラー輩出を目指し、やる気に満ちて進んでいきました。

しかし、順調に見えていた経営に、突如衝撃が起こりました。経理担当者の資金の使い込みです。

どん底に突き落とされました。電話相談室の経理も兼ねていたので、まさにダブルパンチです。20年も付き合って信頼していた友でした。一緒に活動してきた仲間も動揺し、人間不信になり、「私たちは何を学んできたの？」と無力感に陥《おちい》っていきました。

私をあからさまに責める人はいないものの、すべての責任は私にあります。もちろん警察沙汰になり、今後どうしていけばいいか、パニック状態を通り過ぎると、見通しが立たず呆然《ぼうぜん》としてしまいました。

そこで、手を差し伸べてくれたのがヒューマン・ギルドの岩井先生です。彼が全国にいるアドラー仲間に「応援講演会を開催しよう」と声をかけてくれたのです。

岩井先生は、私に「ただちに日程と１００人が入る場所を確保するように」と言い、講演会の参加費をすべて協会に寄付する、そして仲間にも寄付を呼びかけよう、と動いてくれました。まだＳＮＳ普及前の２０１２年のこと。まさにアドラー心理学の思想である、仲間のために何かしたいと協力して目的に向かう、共同体感覚の発揮です。

講演会の参加者は１００人を超え、全国のアドラー仲間からの寄付がどんどん振り込まれてきました。

目まぐるしい動きに嘆《なげ》いている暇はありません。全国の仲間の期待に応えなければと、力を振り絞りそして息を吹き返しました。

その後も資金が大変なことに変わりはありませんが、くじけそうになると、いつもあのときの応援講演会の熱気を思い出し、勇気を出してきました。

１年後の２０１３年に『嫌われる勇気』がベストセラーになったことで、アドラー心理学が多くの人に知られるようになり、岩井先生も講演依頼で全国を飛び回り、さらに忙しくなりました。『嫌われる勇気』の著者である岸見一郎先生も、岩井先生同様アドラー心理学を一緒に学んだ仲間、といってしまうとおこがましいですが、アドラー心理学は大学で学べる機会がなく、東京のヒューマン・ギルドや関西のアドラーギルドといった民間機関でしか受講できなかったので、ともに机を並べた仲間の感覚です。

日本支援助言士協会® の使い込み事件が1年遅かったら、岩井先生も応援講演会の日程を取れなかったかもしれないと思うと、友の裏切りは、試練を乗り越えるための事件だったのだと新たな気持ちでとらえることができました。

カウンセリングを学びたい方へ

ここで日本支援助言士協会® の主催しているコミュニティ・カウンセラーは、どのようなことに役に立つのか、少し説明します。パンフレットには、

「支援助言士（コミュニティ・カウンセラー）」は、対人支援の専門家として、家族・職場をはじめとする様々なコミュニティの中のあらゆる問題に悩む人々に、カウンセリングや予防的活動等を実践していく人のことをいいます。

アドラー心理学・コミュニティ心理学を中核に、勇気づけに満ちたコミュニティづくりの実現を目指します。

と書かれています。

コミュニティ・カウンセラーは、カウンセリングの理論、基本的な知識を身につけることでコミュニケーションによる対人関係の支援ができるようになります。

一般のカウンセラーと違って、一対一の関係ではなく、複数の方を対象としているのが特色です。もちろん一対一の相談もありますが、トラブル発生の予防を目的とし、相談者の周りの人との関係を調整したり、橋渡しをしたりといったコンサルテーションやコーディネーターの役割も果たします。相談者の環境へと働きかけるのが特徴です。

カウンセラーというと専門的で難しそう、と感じている人もいるかもしれません。

コミュニティ・カウンセラーの資格は、必須の4講座（18時間）、アドラー心理学入門（6時間）、選択制のスキルアップ講座（22時間）と合わせて、たった46時間の受講で資格認定を受けられます。ほかの機関で、すでにアドラー心理学の講座を6時間以上修了している人であれば、40時間で取得できます。

カウンセリングは相談という意味ですから、さまざまな場面にて有効です。保育士・幼稚園教諭・子育て支援・介護支援・職場のメンター役など仕事で用いるのはもちろん、友達に信頼されていてよく相談を受ける、スーパーでたまたま会ったママ友と立ち話で深刻な悩みを打ち明けられたときに適切なアドバイスができるようになりたいなんて人にもおすすめです。

どのような立場であっても、カウンセリングの学びは対人関係に役に立ちます。そのため、興味のある人はぜひトライしていただければと思います。

「日本支援助言士協会®」講座の様子

【日本支援助言士協会®ホームページ】
https://www.sienjogensi.org/

第 Ⅲ 章

カウンセリングを通して、出会った人たちの悩み

第1章、第2章で読んでいただいた通り、私は35年間アドラー心理学を学び、「ＳＭＩＬＥ」講座や「ＣＬＩＰ・あこーん電話相談室」、日本支援助言士協会®などさまざまな活動を通じて、多くの女性の悩みを聞いてきました。

現在もカウンセリング活動に従事し、たくさんの女性の胸の底に秘められた思いに耳を傾けています。

その中から、皆さんでも共感しやすいであろう10の事例を紹介します。

同様の悩みを抱える皆さん、ぜひ解決の参考にしてください（ここで紹介する事例は特定の方ではなく、複数の相談者の事例を組み合わせて構成しています）。

Q1

子どもたちが兄弟間で仲良くしてくれないと悩んでいるS子さん

S子さんは、上の子（4才）が、下の子（3才）にやきもちを焼いて、親の見ていないところで弟をつねるなどしていることを知り、困っています。

「こんな意地悪をしてはダメ」と怒るたびに、「言い過ぎてしまったかな？」と自分が落ち込んでしまう。このことの繰り返しです。兄弟間で仲良くしてほしいと悩んでいます。

上の子に「弟は小さいから優しくしてあげようね」と言っても、「分かった」と返すものの、すぐまた叩くなどしてしまいます。

また下の子は発達が遅く、その点も心配です。

下の子だけを気にかけ過ぎないよう気をつけているつもりですが、ほかにいい方法はないでしょうか？

A1

「お兄ちゃん」の役割としてではなく、その子のそのままの姿を見て勇気づけてあげてください。

Ｓ子さんは「ＳＭＩＬＥ」講座の参加者。「ＳＭＩＬＥ」では、章ごとのテーマを学んだあと、実践シートを書いてくる宿題があります。次の学習のときに書いてきた出来事について振り返り、感じたことを話しあい、確認しながら学びを繰り返していきます。

Ｓ子さんも、家庭内での親子の様子をシートに記入してきました。

Ｓ子さんは弟ができることで、親を一人占めできなくなった寂しさを与えないよう、上の子に気を使ってきたと言います。それはとても素敵なことです。

シートからも上の子を抱っこしたり、努力されている様子が伝わってきました。

「お兄ちゃんだから、優しくしてあげようね」と伝えることも大切で、適切な関わり方をされていると思います。

またS子さんの場合、下の子は発語も遅く手がかかり、発達のことも心配しています。そのため、つい下の子ばかりかまったり、手をかけたりしてしまうそうです。そして、成長が遅いことを〝不憫《ふびん》〟と感じているようでした。

下の子に発達の遅れがあるかもしれないというS子さんの不安は理解できます。しかし、それを「不憫と思うのはどうでしょうか？」とアドバイスしました。

不憫というのは、可哀想に、というあわれみにつながります。発達の遅い子は劣っている、気の毒とみなしてしまう恐れがあるのです。

子どもの成長は、早い子もいますし、ゆっくり育つ子もいます。

現段階では神経質になり過ぎないで、S子さんが寛容な気持ちで子どもたちと関わることが大切ではないでしょうか、と伝えました。

どんな子どもでも、一人ひとり良いところがあります。俊敏な子ども、ゆっくりのんびり育つ子ども、それぞれ良いところを見ることで、S子さんの不安も減っていくはずです。むしろ発達が遅いと心配する気持ちが、上の子に不安を与えている可能性もあります。まずは下の子の発達が遅くて不憫と考えるのではなく、良いところをいっぱい見つけて、「すごいねぇ、お母さん嬉しい」「こんなことしてくれて、助かる」と喜んであげましょう。そんな風に勇気づけの関わり方について参加者で話しあいました。

また、「〝お兄ちゃん〟ではなく、〝○○ちゃん〟に呼び方を変えてみたほうがいいのでは？」とメンバーからの提案もありました。

実際にS子さんも、「お兄ちゃんとして、しっかりしてほしい」という思いから、つい「お兄ちゃんだから」と言ってしまうと話します。

〝○○ちゃん〟と名前で呼ばれることは、個人として信頼されているという、誇らしさ、自己肯定感を育てていきます。

上の子が笑顔を見せたとき「○○ちゃん、可愛い大好き」と言うようにしたら、弟に対しても「▽▽ちゃん、可愛い大好き」と優しい態度で言えるようになるかもしれません。

このようなアドバイスを受けて、S子さんも「〝勇気づけ〟ってちょっとした見方を変えるだけでできるのですね」と少し自信を取り戻したようでした。

小さな子どものちょっとした言動に悩んでいる人は、言葉で何て言えばいいのかと考えるのではなく、お母さんの気持ちを素直に伝えることが大切です。ギュッと抱っこしたり、背中をさすったり。小さい頃は身体で触れあうことができる貴重な時期なので、スキンシップを大事にしましょう。

子ども一人ひとりに個性があり、成長のプロセスや段階も違ってきます。そして**皆、必ず良いところがあります。**良いところを見ることで、できていないところが見えてきても、不安になったり考え過ぎたり、神経質にならないようにしましょう。

S子さんは、講座を受けたあと、「不憫と思うのは、その子を劣っているとみなすことにつながるとは、気がつきませんでした。どんな子どもでも、その子のありのままがいいと思えば、少々言葉が遅くても、覚えが悪くても気になりません。下の子には優しいところがあることにも改めて気がつきました」と話していました。

親は子どもを一人の人間として尊敬するということは理解していますが、つい子どもを小さき、弱い者として見がちです。そうではなく、尊敬の態度で接すること。

ヨコの関係を作ることで、子どもの自己肯定感を育み、子どもを信頼することにつながっていきます。

POINT

子ども一人ひとり成長の速度は違います。たとえ成長が遅かったとしても〝不憫〟とは思わないで！　また下の子が気にかかる気持ちは分かりますが、上の子だって大切な我が子。大事な子どもであることが伝わるよう、スキンシップを大切にし、〝お兄ちゃん〟ではなく、〝〇〇ちゃん〟と名前で呼んであげましょう！

Q2
学校に行きたくないという
小学校2年生の娘を登校させたいM子さん

M子さんの娘さんが学校に行き渋るようになったのは、父親が体調を崩し、入院したことがきっかけです。M子さんは夫の看護のために病院と自宅を行ったり来たりと忙しくなり、いつもの生活のリズムが変わり始めたとき、娘さんも「お腹が痛い」と言い出して、時々学校を休むようになったと言います。

お父さん子だったこともあり、父親の入院は子どもなりに心配や不安があったのだろうと考え、無理に行かせなくてもいいと判断したM子さんは、学校に行かないことを口うるさく言いませんでした。きっとそのうち収まり、学校へも行けるようになるだろうと思っていたのです。「ＳＭＩＬＥ」講座では、「私が忙しさと、夫の症状に不安を抱えていたこともあり、娘にまで気が回らなかったというのが、実情だったかもしれません」と自分を責めていました。

その後父親が退院し、病気も快復。仕事に復帰しましたが、娘さんの不登校は続き、次第にM子さんもやきもきし始めました。

M子さんの娘さんを学校に行かせるには、どうすればいいでしょうか？

A2

なぜ学校に行きたくないのか。子どもの気持ちに寄り添い、勇気づけを行ってみましょう。

M子さんが「ＳＭＩＬＥ」に参加したのは、娘さんが学校を休み始めて半年くらいたった頃でした。

「休み癖がついたのでしょうか？」と、父親が入院したことや、その後の娘さんの様子をM子さんは話してくれました。

何が原因なのでしょう。友達からのイジメがあったのかと聞いても、なかったようです。先生も心配して家に来て、学校での様子を話してくれました。たくさん友達がいるタイプではないものの、特に目立ったトラブルがあったわけでもないとのことでした。

内弁慶といったタイプで、外では静かでおとなしいですが、家ではよく話す活発な子です。

M子さんが言うように、最初は父親の入院が原因で、不登校になったのかもしれません。父親は退院したものの、今まで休んだことで学校に行くハードルが高くなったことも考えられます。

アドラー心理学では、目的論で考えると伝えました。原因について考えると思い当たる節が多過ぎて、どう対応すべきか、見えてこなくなってしまうからです。

では、この場合の娘さんの目的は何なのか、参加者皆で考えてみました。学校に行かないことで、娘さんが得られているものは何なのでしょうか？

参加者から「甘えられる」「自由である」「好きなゲームができる」などの意見が挙げら

れました。それに対して、M子さんはどのような対応をしているのでしょうか。

M子さんは「夫が入院している間は、何も言わないようにしていました。しかし最近は、今の状態が続くと、ますます登校できなくなるのではないかと不安で、『そろそろ学校に行かないとダメでしょ。家にいてダラダラ過ごしていては、学校が嫌になるだけよ』と口うるさく言ってしまいます。ときには声を張り上げて怒鳴ってしまい、娘が泣き出したこともありました。

最近は私もイライラし、口調もトゲトゲしています。悪いのは分かっていますが、今は家族皆が暗くなっています」と話しました。

参加者に「よく分かる」と共感してもらい、M子さんも気持ちがほどけていったようです。だんだん暗い表情が消えていきました。

子どもが「甘え」たい場合、その目的は「注目・関心」がほしいのかもしれません。口うるさく言われていても、娘さんからしてみると、欲しかった「注目・関心」を得られていることになります。

父親が入院していたときは、不安で心細い思いをしていたのでしょう。

今、その不安はないかもしれませんが、M子さんに叱られていることが、娘さんからすれば関わってもらえているという安心感につながっていることも考えられます。**ネガティブ（負の注目）な関わり方でも、関わってもらえているほうがいい。子どもはそのくらい、自分を見てほしいのです。**

　誤解しないでもらいたいのですが、注目を得たいことが悪いわけではありません。しかしネガティブ（負の注目）からは、次の行動が生まれてきません。叱られて（罰せられて）当たり前と子ども自身、よく分かっています。しかし、叱られることで思考停止になり、その行動は続いてしまうのです。

　では、どうすればいいのでしょうか？

注目・関心を得たい、という寂しさを抱えているのかもしれないのですから、ネガティブな注目（負の注目）ではなく**ポジティブな注目・関心を示してあげましょう。**学校に行かないことに注目するのではなく、子どもの行動の良いところを見つけて、関心を示す。つまり勇気づけるのです。そして学校に行かないことは、そっとしておきましょう。

「登校するかしないかは、自分で決められると思うので、お母さんは何も言わないことにしたわ。あなたを信頼しているからこそ、そうすることにしたのよ」と言って、娘さんのことを信頼しているというメッセージを発信して、認める姿勢を表現しましょう。

そして子どもの良いところをたくさん見つけて、何気ない当たり前と思える行動にも、「ありがとう」「助かるわ」「嬉しい」と勇気づけることです。

すると2週間後、M子さんから「娘が学校に行きました」という喜びの報告を受けました。友達が誘ってくれたこともあり、すんなり学校に行けるようになったということを、M子さんは涙を浮かべ、嬉しそうに話してくれました。

こんなに早く学校に行けるようになったのは、きっとM子さんが娘さんのことを信頼していることが伝わったからでしょう。

M子さんの娘さんのように、すんなりいくケースばかりではありませんが、勇気づけをきっかけに、このような変化を見せることは多くあります。

POINT

まずは子どもが学校に行かない目的を見つけましょう。そして、その目的に寄り添って、行動する。自分の良いところを勇気づけてもらうことで、安心感を覚え、「嬉しい」「やれるかもしれない」という、次の行動につながる勇気を取り戻していきます。

Q3 スマホに夢中でほかのことに手をつけない息子にいら立っているL子さん

これは今の時代のスマホ対応に苦慮する、よくある話題です。

L子さんの息子さん（中2）はスマホに夢中で夜更かしをして、朝は起きるのが大変なようです。

どうしてもスマホがやめられないようで、親子ともに毎日イライラしています。

朝、ギリギリに起きてきて、L子さんに「何で起こさなかった」と当たり散らし、文句ばかり言うので、ケンカ腰の口調で毎日が始まります。

本人も中2にもなると学校で受験の話題が多くなってきて、今までと違う雰囲気になっていると話します。しかし、どこか他人事のような感じです。

「あなたはどうしたいの？　他人事ではないでしょ。そろそろ本気で考えないと知らないわよ」と言うと話を逸らします。

なかでも、L子さんがイライラするのは一日中スマホを手から離さないことです。

「スマホばかりして、言いたくないけど勉強はやっているの？　小学生のときとは違うのよ」と何度言っても反応がありません。のんびりして何を考えているのか分からないところがあり、この先大丈夫なのかと心配でたまりません。

毎朝の息子とのバトルに疲れ果て、「受験を控えて何を考えているのか。息子をスマホ依存から脱却させるにはどうすればいいのでしょうか」と、Ｌ子さんはこの状況を何とかしたいと「ＳＭＩＬＥ」に参加しました。

A3

なぜスマホを手放せないのか？　息子の気持ちになりきって、その〝目的〟をまず考えましょう。

話しあいの中で、Ｌ子さんの息子への介入が多過ぎることが話題になりました。

まず、一旦子どもの課題は何で、親の課題は何なのかを整理してみました。

スマホを手放すこと、受験勉強すること、すべて子どもの課題であることは分かります。しかし、親はこのまま何もしなくていいのか、とい

うことが問題のようだとＬ子さんは言います。

Ｌ子さんも子どもの課題に介入し過ぎていると頭では分かっていますが、毎日家でグタグタ過ごしている息子を見ると、どうしても口出ししてしまうのです。実際、多くの人がぶち当たる壁でしょう。皆、その気持ちは理解できるので、講座内の議論も白熱し、我がことのように真剣に話しあいます。

「親はしつけをしなくてもいいの？」という話題から、しつけの意味を皆で考えてみました。スマホでしつけの意味を調べてみると、「人間社会・集団の規範、規律や礼儀作法など慣習に合った立ち振る舞い（規範の内面化）ができるように、訓練すること。伝統的に家庭で親や年長者が指導する」といったことが書かれています。しかし、アドラーのいう親子関係では、ヨコの関係づくりを目指しています。**親も子も同じ仲間という立場なのです。**

親が口うるさく言うことで効果があるのか？　親のいら立ちを抑える方法はあるのか？　感情的にならないためにはどうしたらいいか？　と話は展開していきます。

「息子さんの気持ちや感情はどうでしょうか？」と話の転換を促すと、Ｌ子さんの息子は中２ですが、やや幼いところがあるとＬ子さんには映っているようです。しかし、話しあっていくうちに成長の過程で起こることかもしれないと、少しホッとした気持ちも生まれてきたようでした。

「息子さんの行動の目的は何でしょうか?」と問うと、L子さんも冷静に考えるゆとりが出てきました。

「俺には力があるのだと、力を示したい目的があると考えたほうがいいでしょうか」と話します。

アドラー心理学の不適切な行動の目的の「権力闘争」が該当するとなると、息子さんの気持ちや感情はどうなのか、皆で話しあってみました。

アドラーでは、子どもに権力闘争のゲームをしかけられても、乗らないことが大切と教えています。

そんなとき親ができることは、余計な口出しをせずに見守ること。息子の課題だからこそ、本人が自分で克服していくしかありません。そう話すと、「彼を信じて待つということですね」「私の根気が試されるのですね」とL子さんはキリっとした表情をしました。

感情的に伝えるのではなく、子どもに「あなたの課題なので、お母さんは口出ししません。自分で考えてね」とソフトに言うことが大事です。

またL子さんのケースの場合、スマホのことと、勉強が手につかないことは分けて考えたほうがよいでしょう。

L子さんのように、受験勉強をしないなどの問題の根源がスマホにあると思い込んでいるケースはままあります。しかしスマホの問題と受験勉強をしないことは、別々に考えたほうが解決しやすいです。

スマホは今や友人との付き合い、学校での連絡など欠かせないものになっています。スマホの話題は、別の機会に息子さんの考えを聞いて、どうしたらいいか話しあうほうがいいかもしれないと、私は提案しました。

その後の講座では、L子さんは自分が息子の課題に口出しし過ぎたことを反省し、冷静に付き合うようにしていき、親子とも朝のイライラが減ってきた、完璧ではないが子どもも少しずつ自分で起きるようになってきたと話しました。

受験に向けて、自ら塾を見つけてくるなど嬉しい話題も増えてきました。L子さん自身、まだ口うるさく言ってしまうこともありますが、気をつけるようにしていますと、自分もおかげで変われたと話しています。息子からも「お母さん、変わったね」とからかわれたと笑っていました。

L子さんの息子に限らずスマホ依存の問題は今や必ずといっていいほど話題になります。

家族にスマホ依存の人がいたら、「なぜその子はスマホを手放せないのか？」目的を考えてみてください。そのためには、まず親子で話しあうことが大切です。そのときは子どもの意見を大事にするというスタンスを忘れないようにしましょう。

話し合うときは、費用のこと、利用する時間のこと、そのことで親にも負担がかかることなどを率直に伝えていきましょう。

POINT

変化を焦っても仕方がない！　子どもの課題克服を見守り、少しでも変化や成長を見つけたら、勇気づけましょう。親から信頼を得られることが自立につながります。どんなときでも勇気づけを忘れないことで、やがてスマホ依存から脱却できるでしょう。

Q4 夫が定年後、家で何もせずテレビばかり見て命令だけしてくるU子さん

子どもが独立し、夫婦二人だけの生活になったとき、ふと夫との会話がなくなっていたことに気づいたＵ子さん。これからもこの生活を続けていくのかと思うと暗澹《あんたん》たる思いになったと言います。

Ｕ子さんの夫は、まるでお客様のよう。テレビの前に陣取って動こうともしません。食べ終えた食器さえもそのまま。「せめて自分の食器くらい片づけて」と何度か言っても、時々忘れてしまいます。こたつの中に靴下を脱ぎ捨てたままにしているのを見つけたとき、「もう、ダメ」と思わず叫んでしまいました。イライラの日々を送っていると言います。

注意すると、「妻が口うるさくて、家に帰りたくなくなる夫の気持ちをテレビで言っていたぞ」と言います。テレビで放送していたことは絶対だと信じている様子に、尊敬のかけらもありません。いつもテレビを前にして動かない夫を見て、「このままこの人と一緒にいることに自信がなくなってきた。話題も合わないし、定年後に備えて何か考えている様子もない」とＵ子さんの愚痴話は続いていきます。

Ｕ子さんが夫との関係を改善するにはどうすればいいのでしょうか？

A4 夫との距離感、夫への態度など、まずは自分が変わるところから始めてみましょう。

このテーマも「ＳＭＩＬＥ」でよく話題になります。

「定年後、夫とずっと一緒にやっていけるか？」と考え悩む女性はたくさんいます。

Ｕ子さんは夫のことを、まるで不思議な国の人、自分とは違う星から来た宇宙人とばかりに、半ばあきれながらも、これからの長い人生少しでも快適に過ごすために何とかしたいと話していました。

夫が定年後、どう生きていくかは夫の課題とは分かっていても、夫は「そんなこと意に介さない、自分とは関係ない」と言い放つようです。

定年は遠いですが、他人事ではないという参加者もいます。そのような人たちは、先輩女性から夫の取り扱いスキルを学ぼうと、強い意欲を見せ、ときには絆ができたりネットワークが生まれたりもしています。

Ｕ子さんも長い経験から、夫が変わることを待っても無理、自分が変わるしかないと分かっていました。Ｕ子さんは、夫が若い頃から金銭面にだらしなく、自分に都合のよいように考える癖があると言い、そのため自分がどれだけ大変な思いをしてきたかを皆に話しました。

「金銭的にルーズなのが許せない。そのため娘の入学費用など実家から工面してもらった。知らないうちにカードローンが増え、自己破産寸前までいった」ことなどを話します。

「ＳＭＩＬＥ」のメンバーも共感的に聴きます。その後、何とか金銭的には落ち着いてきましたが、定年後も仕事をしてほしいと言うと、「自分で商売をしたい、もう他人に使われるのは嫌だ」と言うので、Ｕ子さんは、「自分で店を持つことがどんなに大変か分かっていない、意志が弱いし、甘えている」と言い返しました。すると、夫は何も言わずに家を出ていって一晩帰ってこなかったそうです。このまま帰ってこなくてもいい、せいせいするとさえ思ったと話します。

「今までに、何度も離婚を考えたと言っていましたが、気持ちを引き留めていたのは何だったのでしょうか」と問うと、「子どもがいたからです。夫は子どものこととなると、命をかけると言うほどです。娘が『彼氏を連れてくる』と言った日は、朝から落ち着かず、家の中をウロウロ。私に彼とは会ったことはあるのか、どんな人なのか、何度も聞いて来る始末です。子どものことがそんなに心配なら、もっと父親らしくしっかりしてほしいと反発心ばかり出てきます」

　そんなU子さんに「夫の良いところはどんなところですか？」と水を向けると「私が風邪をひいたりすると、すごく心配してくれる優しいところがあります」と言いました。

「ほかには？」と促《うなが》すと、

「子どもが小さいとき、具合が悪いと泣きそうな顔になって心配していました。根が優しい人なんです」と〝優しい人〟ではあるが、金銭的にルーズなことは我慢できないと、話は堂々巡りします。

「優しさは、意志の弱さにつながるかもしれないですね。そのため、きっと人に対してもずっと我慢してきたのではないでしょうか？」と皆からアドバイスや勇気づけを受けたことで、U子さんも徐々に夫を違う角度から見ていくゆとりが出てきました。

　その結果、「自分も少し変われそうな気がしてきた」と、実際に行動に移していきました。まずU子さんは、夫のプライドを傷つけないように気をつけながら、距離を取るようにしました。仕事の時間を延ばし、さらに「私は自分のやりたいことをします」と宣言し、かねてから挑戦してみたかった剣道を始め、ほかにも心理学の勉強会に行くなど積極的に行動を開始しました。

食事の支度などは今まで通り準備して出かけるようにして、夫の行動に関心を示さないように、自分の行動を変えていったと言います。

当初はふてくされて「出ていけ」と暴言を吐いていた夫ですが、取り合わないようにして、黙々と自分のしたいことをするうちに、徐々に変化してきました。当初はわざわざ冷蔵庫内に用意しておいた料理も食べないで、好きなインスタント食品を買ってきて食べるなど抵抗を見せていましたが、少しずつそのようなこともなくなってきたようです。

さらに、皆でどのように夫を勇気づけるといいか話しあったところ、小さなことでも「ありがとう」と言うことが出てきました。例えば、箸を取ってくれたときや開けっぱなしにしていたドアを閉めてくれたときに「ありがとう」と言うだけで勇気づけになるというアイデアです。難しく考えず、日々の中で感謝の言葉かけをするだけでも勇気づけになります。

早速実行したU子さんはその後、「〝ありがとう〟と言っただけなのに、今は何も言わなくても食器を片づけ、そのうえ、洗ってくれるようにまでなった」と喜んで話してくれました。プライドの高い夫が食器を洗うなんてことは今まで考えられなかったのです。
自分が変わるという視点はとても大切なこと。U子さんも「ＳＭＩＬＥ」に参加したことで、狭い自分の思い込みから出ることができた、行動を起こしたことで、自信が出てきたと話します。そんなU子さんを見て夫も、変わっていったのです。

夫がこうだから、親がこうだったからというのは簡単です。自分の人生の操縦桿《そうじゅうかん》を握っているのは自分です。**自分の人生を決めているのは自分です。夫のせい、親のせいだと言い訳しているのは偽善（人生の嘘）だとアドラーは言っています。**

「『ＳＭＩＬＥ』で学び、行動することで、自分の考えを整理し、客観的に見られるようになった。そんなゆとりができたので勇気づけることもできるようになった」とU子さんは自信に満ちた表情で話していました。

POINT

夫にも〝勇気づけ〟が大事。小さなことでも感謝の言葉を伝えられていますか？　また夫の変化に期待するより、まずは自分がなりたい自分へと変化していきましょう。行動する妻の姿に刺激を受けて、夫も変わるというケースがたくさんあります。

Q5 長年の確執を抱きながらも、認知症の母親の介護に追われるN子さん

N子さんは、過干渉で厳しいしつけをする母親に、自分のしたいことややりたいことをことごとく否定されてきました。

自分の主張をすると、母親は「私の言うことが聞けないようだったら、よそに行きなさい」と感情的になって、とりつくしまもなくなり、次第に恐怖を覚えるようになったと言います。

「言うことを聞いていれば、母親の機嫌も良いし、優しくしてくれるし間違いない。と自分にも言い聞かせてきました」と自嘲《じちょう》気味に話します。

母親は自分のやりたかったことをN子さんにさせたいと思い、それが娘の幸せへの道と信じていました。それはキャリアウーマンになって活躍すること。母親のN子さんへの望みだったのです。

そのため、習い事も塾も宿題も完璧にこなすことを要求され、次第に自分の欲求を抑えるのが習い性になって、食べものの好き嫌い、服の好みなども従っているうちに、自分の好きなものすら分からなくなっていました。

ある日、母親がクラシックバレエを見て、嬉しそうな表情を見せたとき、ふと私も痩せてキレイにならなければと思ったそうです。それからは食事を拒否するようになり、食べなくなりました。不思議なことに元気で、成績もよくなっていきました。

母親は食べないことに最初は気がつかなかったようで、成績がよくなったことを周りにも自慢し、喜んでいました。その後、過食が始まり、やっと病院に連れて行ってもらえたようですが、拒食と過食に苦しむ中、次第にＮ子さんは自分が何なのか分からなくなっていきました。過食になったとき、夜中に起きて冷蔵庫の前に立ちながら、庫内にあるものをすべて食べ尽くしたこともありました。その後、嫌悪感が増してきて、食べ吐きを繰り返していたそうです。

大学を選ぶのも母親で、Ｎ子さんの意見より母親の意見が優先。「その大学に合格できる自信がない」とも言えず、受験に失敗し不合格になったときは、なぜかホッとしたのを覚えていると言います。

そんな母親との関係に悩み続けていたN子さん。

その後、結婚し、子どもが生まれて、家庭を築いたものの、母親がうつ病、さらに認知症になり、一人娘のN子さんが面倒を見なければならなくなりました。

母親の介護をしながらも、どのようにして母親と接すればいいのか。暗中模索《もさく》の状態が続いています。

A5

自分の過去を整理して、今の自分にどのような影響を与えているのか。これからの目標とともに見ていきましょう。

N子さんのように母親との確執で苦しんでいる人はたくさんいます。このような場合、まずは話を聞いてもらうだけで楽になるのもよくあることです。

N子さんも「SMILE」の中で、仲間に話を聞いてもらい、泣き尽くして、次第に心が落ち着いていきました。

N子さんは一浪して、何とか大学進学したあとも、入学時から精神的に不安定になっていき、パニック障害、うつ病との戦いが始まりました。心療内科に通い、何とか卒業までこぎつけたものの、就職先を選んでいるときの母親の言った「この会社、上場していないよ」のひとことを聞いたとき、N子さんの中で何かパチンとはちきれるものがあり、家を出ようと決心したそうです。

その後、恋人ができ、初めて自分のことを受け入れてもらったことから、次第にうつ的な症状やパニックも収まってきました。その人と結婚することを母親に話したときも、予想通り「上場した会社に勤めていない人との結婚は認めない」と言われました。

予測していたことだったため、N子さんはもう驚かなくなっていました。反感も怒りもなく、実家から離れられるという安心感の下、「結婚するのは私だ」と平静な気持ちでいることができたと言います。N子さんは「夫が理解してくれたのが一番大きかったと思います」と話しました。

その後、結婚し、息子が生まれた頃に、母親が認知症に。病気の進行は予想以上に早く、やがて娘のN子さんのことさえ分からなくなっていきます。

母親への怒りをぶつけたい、あのとき私はどんなに辛かったか母親に言いたい。それなのに娘の顔すらも母親は忘れてしまっている。

親戚からは、「親がいたからあなたは生まれたのよ」「どんなことがあっても、親はあなたのことを愛していた」などと言われることも多く、母親を恨む自分を責めて、誰にも何も言えなくなっていました。

そしてＮ子さんは再びうつ状態に。そんな中、Ｎ子さんは「ＳＭＩＬＥ」に参加し、自らのことを赤裸々に話していったのです。

皆しっかりＮ子さんの話を聴こうと、グループカウンセリングとして別枠で、時間をとりました。そんな仲間ができたこと、そしてＮ子さんは皆の勇気づけによってさらに元気になっていきました。

その中で「母親のことは、過去のこと。自分には今、家族がある。自分の子どもとの関係に、母親とのことが影響を与えていないか」といったことに気が回るようになったとき、「私には子どもがいる、夫がいる」ということに気がついて、なぜかとても嬉しくなった瞬間があったと話します。

そして、子どもが言いたいことを言っても、暴言を吐いても、「愛おしい」と思うようになれた自分を、また愛おしいと思えるようになったそうです。

「私の子どもでいてくれて、ありがとう」という気持ちが湧いて出てきたことにＮ子さん

自身が驚きました。

思春期の子どもたちは自由にやりたいことをやっている。それも、自分ができなかったことを、自分の代わりに思い切りやってくれている。そう思えることは、幸せなことだと感じられるようになり、子どもへの接し方が変わってきたそうです。

さらにN子さんは、自分が仲間に支えられたように、自分も人を支援する側に回りたいと行動を起こしました。心理学の勉強を続け、介護に悩む女性たちの居場所を作るためＮＰＯ法人を立ち上げたのです。

自らの過去を糧に、現状を変えていく。過去のとらえ方を変えるという点でも、N子さんの変化は素晴らしいことと感じます。

POINT

自らの過去に縛られ過ぎないで。
まずは誰かに話を聞いてもらう。
それだけでも心が落ち着くことがあります。

Q6 虐待体験から子どもへの接し方が分からないD子さん

2人の子育てをしながら、働いているD子さんはシングルマザー。最初は人間関係がうまく築けないと相談にきたのですが、もう一つ大きな問題を抱えていました。子どもを虐待していると児童相談所に通報されてしまったと、涙を流しながらとつとつと話します。児童相談所の担当者の訪問を受け、自分が大声を出して叱ったときのことを聞かれるままに話しました。D子さん自身が、親に虐待された経験も話したようです。

児童相談所から、子どもはこちらで、定期的に支援するので、お母さんはほかの機関で相談をするように促されてカウンセリングの相談室に来室しました。

A6 子どもとの接し方の前に、まずは自らの課題解決に取り組んでいきましょう。

D子さんは子ども嫌いではありませんが、子どもの愛し方が分からないと言い、伏し目がちに話し始めました。

「思うように話せず、感情が先走って怒鳴ってしまうのです。感情的になってしまうと大声を出してしまい、自分を止められなくなってしまいます」

真面目で朴訥《ぼくとつ》な印象ですが、少し投げやりで突き放したような話し方をします。

私が、「D子さんの状況をもう少し知りたいので教えてくれませんか？」と聞くと、今の生活の状況や、D子さんが育った家族のことなどを話してくれました。

D子さんの両親も離婚しています。子どもの頃は夫婦ゲンカが絶えなかったそうで、父親は特にD子さんに厳しく、殴る蹴るの暴力を受け、皮のベルトで叩かれることなど日常茶飯事でした。そんなとき、母親は見ているだけで助けてくれません。自分に火の粉が飛んでくるのが怖かったのかもしれませんが、助けてくれない母親をD子さんはひどく恨みました。

父親が出ていったあと、母親と弟と3人暮らしに。母親はD子さんと弟で接する態度を大きく変えてきました。D子さんは、母と口も利かなくなり、この家から早く出ていきたい、とずっと思っていました。勉強は好きだったので、自分で奨学資金の手続きをし、短大に進学し、就職と同時に家を出ました。

その後、知り合った男性と結婚しましたが、夫とはうまくいきませんでした。3人目を妊娠したとき、「子どもができた」と伝えると、「自分はこれ以上子どもはいらない。責任を持ちたくない」と言われ、夫婦関係はますます険悪に。そして本当に3人目の子どもが生まれる前に、夫は家を出ていってしまったのです。

何となく予感がしていたので、それほど辛さは感じなかったそうです。

その後、子育てをしながら仕事をしなければならないため、実家を頼らざるを得ず、3人目の子どもを母親に預けて働き始めました。仕事もあまり楽しくありません。対人関係が苦手で、居心地がよくないのです。なぜか人とうまく付き合えないのが辛いと話します。

「お母さんはお孫さんのことを世話してくれて有難いですね」と伝えると、「孫は可愛いみたい……。でも私とは、いまだに必要最小限のことしか話してくれません」と言います。

「これから、どんな風になっていきたいですか？」と尋ねると、「人とうまく付き合えるようになりたいです。私、親しい友達もいないんです」と話しました。

生活に追われ、ただ毎日、生きるだけで必死という様子が伺えました。

「ずっと親から拒絶されてきたから人が怖いです」

D子さんの頑《かたく》なな印象から、じっくりと取り組む必要がある、と判断しました。

「D子さんからは粘り強さを感じられます。これから一緒に自分を見つめ直し、人ともう少し楽に付き合えるように取り組んでいきましょう」と言い、定期的にカウンセリングを続けることを約束しました。

そして、月に1度の割合でカウンセリングを行っていきました。

D子さんの日常の暮らしのサイクルを聞くと、自分のためにどこか気晴らしに出かけることもないことが分かりました。学校の役員や地域の当番などを引き受け、実直に真面目に生活しています。

家と職場との往復で精いっぱい。人と気軽に話す様子もなく、本人の話す通り、親しい人はいないようです。

どうして、そんなに頑なに人と関わらないのかと不思議に思って聞いてみると、「シングルマザーであることは恥ずかしくないが、自分が子どもに虐待したことが知られるのではないかと恐れている」と話します。

今は学校の役員も引き受け、活動し、まるで罪滅ぼしでもしているかのような生活。頑強に自分に何かを課して、自らを罰しているかのように自己否定感が強いのです。

人と仲良くするには閉ざした心を開いて話すこと、人と関わりを持つことを恐れないようになってもらいたいと思って関わっていきました。

D子さんも、自らの混乱している感情や思考を整理することで、他人との付き合い方がうまくできるようになるかもしれないと、親との関係、子どもとの関わり方、そして自分の気持ちや考えていることなど正直に話してくれました。

D子さんの真面目さや粘り強さ、何より自分だけでなく子どもを愛おしく思っていることなどを勇気づけていきましたが、それすらも拒むような強い反応がありました。「でも……」「いや……」などと必ず否定形から始まる会話です。

「学校行事も仕事をやり繰りして参加する熱心さは素晴らしいですね」

「いや、仕事を休む口実になるから」とカラカラ笑ったり、

「自分の時間を持つことも大切よ。一人でゆったり映画を見たり、街をぶらぶらしたりすることも必要よ」

「でも、お金がないので……」

と、とりつくしまもないような会話の繰り返しで、なかなか話が続きません。

人間関係をうまくしたいと言いながら、根本的に自嘲気味なところや親密さを拒んでい

る節があります。時間をかけてゆっくり関わっていくことしかできないようなので、焦らず、行きつ戻りつを繰り返していくしかないと、私も腰を据えて関わっていきました。その間、勤めていた仕事も何度か変わり、職業訓練で保険事務の仕事を学び、病院での受付業務をするなど、次第に人と関わることが苦にならなくなってくるのに、4、5年かかりました。カウンセリングを受けていく中で、次第に笑顔で話すことも増えてきました。D子さんの場合、8年の歳月がかかりましたが、現在は無器用ながらも人と自然な形で関われるようになり、心を閉ざしていた頃と比べるとだいぶ明るくなってきました。

POINT

長い歳月が必要なこともありますが、カウンセリングなどを通じて、客観的に自分を見つめ直していくことで状況は改善します。一人で行うこともできますが、まずは相談室などに訪れて落ち着いて話を聞いてもらえる環境を見つけましょう。

＊相談室とは？

カウンセリングを受けたい方には相談室がおすすめです。相談室には、公的・民間の両方があり、公的機関の場合、経済的負担

をかけることなく、継続支援を受けることができます。

アドラー心理学のカウンセリングでは、まずカウンセラーは相談者の話を共感をベースに聴いていきます。共感するとは、相手の目で見て、相手の耳で聴き、相手の心で感じるということ。カウンセラーと相談者はヨコの関係で、相互尊敬、相互信頼がスタートです。

そして、次に相談者の抱えている問題がどんな風になっていけばいいか、どうなりたいかについて話していきます。これを目標の一致といいますが、目標を決めてお互いに協力して問題の克服に向かっていくのです。

そのためには、具体的な話を聴いて、情報を得たり、ライフスタイルを理解したりする必要があります。ライフスタイルを理解するとは、相談者の考え方や特有の感覚、性格などを知ると言い換えてもいいかもしれません。

最後にクライアントが自分の課題に向き合っていけるよう、勇気づけながら一緒に歩んでいきます。

専門的なことは省きますが、カウンセリングでは一貫して勇気づけることをとても大事にしています。

流れが順序通りにいかないことも多いですが、私たちカウンセラーは話が雑談風に見えても、理解を深めながら、相談者の方向性が明確になるよう関わっていきます。

Q7 父親の厳しいしつけに反発して家出、好奇心で薬物に手を出したC子さん

C子さんはうつ状態でシングルマザーということで、地域支援の担当者の紹介で相談室に来るようになりました。キレイな人で、まるでモデルさんのように華奢《きゃしゃ》です。来室したときは無表情で辺りを見回していましたが、話し始めると、表情が緩み、話し方もゆっくりと丁寧でした。

高校時代に厳しい父親に反発して、家を飛び出しました。友達と遊んでいるうちに気がついたら門限をとっくに過ぎていて、父親に怒られるのが嫌で、ずるずるとそのまま家に帰らなくなったと言います。

高校も自然に退学してアルバイトをしながら、友達とアパートで一緒に暮らすようになりました。

「当時は、友達と一緒の部屋にいろんな人がやって来てとても楽しかった」と話します。
そのとき、面白半分に大麻に手を出してしまいました。幸い、当時付き合っていた彼に止められたこともあり、大麻にズブズブにはまることはなく、それはよかったと今では思っています。

しかしその彼と結婚して、子どもを出産して間もなく、うつ病を繰り返すようになりました。おそらく大麻の後遺症だと医者には言われました。

不安定な精神状態が続き、夫は仕事が長続きしないので、生活が苦しくなり、やむなく子ども2人を連れて親のところへ戻っていきました。まだ離婚はしておらず、夫とはやり直せたらと考えています。

そんなC子さんは、「自分の結婚がうまくいかなかったのは父親のせい。子どもの頃、厳しいしつけをされたことは忘れられない」と涙ながらに話します。

「今後どうしたらいいか、分からない、死んでしまいたい。でも子どもは可愛いし、けれど今のままでは辛い」と、話しているうちに気持ちが混乱してしまうようです。

A7 過去の父親の思いや今の気持ちを受け入れ、強い母親になっていくには、これからどうすればいいか考えていきましょう。

C子さんにはまず、「よく来たね、今の自分を何とかしたいとここへ来たんですね。じっくりカウンセリングを続けていきましょう」と促《うなが》していきました。

「今はお父さんとは、どんな関係ですか」と聞くと

「子どもを連れて実家に帰ってからは、何も言わなくなりました。父なりに私の家出や反抗はショックだったのだと思います」と回答しました。

「これから、どんな自分になったらいいなと思いますか」

「分かりません、ただ寂しいのです。元気になりたい」とボソッと言い放ちます。

「そうですか、まず自分のことをいっぱい話しましょうね、それで自分がどうなりたいか一緒に考え探していきましょう」と話すと、安心したようで、緊張していた表情が穏やかに緩んでいきました。

C子さんの家は門限が厳しく、学校から帰ったらすぐ宿題をするなど、細かいルールが

決められていました。
「父親は仕事から帰ると、勉強したかどうかチェックするので、怠《なま》けてやっていなかったときなどドキドキしていました」と子どもの頃のことを思い出しながら話してくれました。

家を出て友達のアパートでの日々は、毎日どんちゃん騒ぎで、祭りのようでした。
「アパートには、入れ替わり立ち替わりたくさんの遊び仲間が来て、時間を忘れておしゃべりをしたり、お酒を飲んだり、朝までワイワイと楽しかったです」と当時を懐かしそうに振り返ります。大麻は好奇心から手を出したのです。しかし今の夫に「結婚して子どもを作ろう。それにはこんなことしていたらダメだ」と言われ、すぐにやめました。

しかし結婚後、夫の仕事が長続きせず、実家に帰ることになりました。孫が生まれたときは、両親ともアパートに飛んできて喜び、その姿を見て「嬉しかった」と話します。

今は実家にお世話になっており、「何もできない自分が申し訳なくて」と顔を両手で覆い、涙を隠します。

自分のこれまでの出来事を振り返り、話すことで少しずつ気持ちが整理されていくようです。じっくり取り組むことが大切と思い、時間をかけて、面談を続けていきました。

現在、定年退職した父親と同居しているC子さん。カウンセリングに来ている間は父親が子どもを預かってくれていると話します。下の子どもは保育園に預けていますが、送り迎えなど自分の体調が悪いときは父親がしてくれるそうです。

「厳しかったお父さんだけど、今はあなたに協力してくれているのね」と言うと、「自分のせいで、私がうつ病になったと思っているから」と父親への厳しい態度は変わらぬものの、少しずつ柔らいできました。

子どもは聡明であること、学校の作文に「お母さんは今病気だから、心配かけないように毎日宿題をやっています」と書いて先生に褒められたことなど、子どもについて話すときはとても幸せそうです。

別居中の夫は今でも子どもに時々会いに来てくれます。いつか一緒に暮らそうと話しているなど、今の自分を受け入れ始めているのが伝わってきます。

「お父さんにカウンセリングを受けていることは話しているの？」と聞くと、「自分のせいで、私がうつ病になって結婚もダメになったと思っているから、カウンセリングを受けていることを喜んでいます」と話します。

「それなら、お父さんにもカウンセリングを勧めてみたらどうかしら？　C子さんはどう思う？」と伝えると、「父親に話してみます」とニッコリ笑ってくれました。

そして、父親のカウンセリングが始まりました。父親はカウンセリングの中で、昔、仕事に追われ、家に帰ると口うるさく文句を言ったり、妻にも子どもが自由に過ごしているのは甘やかしているのではないかと言って口論になったこともあったなど、当時のことを淡々と話してくれました。自分は高卒で、社会に出て悔しい思いを何度もした。それでこれからは大学に進学しないとダメだと思って、勉強のことを口うるさく言ったのだが、かえって子どもたちを苦しめてしまった。今になって、もっと子どもたちと遊べばよかったと思う、と胸を詰まらせながら話してくれました。

そんな父親の悔いる姿を見て、C子さんも次第に父親への感情が変わっていきました。C子さんの父親の見方に変化が起こり、とらえ方が変わったのです。

間もなく、C子さんは「すべて私に必要なことが起こったのです。夫も時々子どもに会いに来てくれるし、今までの苦しかったことは、私には必要だったと思います」と力強く言い切りました。今の自分を温かく迎えてくれて、子どもの父親代わりまでしてくれている父親にも、素直に感謝していると言えるようになりました。笑顔で「先生、これ子どもが書いた絵と作文、表彰されたんです」と嬉しそうな表情を見せてくれました。

POINT

すべては自分にとって必要だったこと。

親との確執で悩んでいる場合は、親子一緒にカウンセリングを受けることで、ともに改善するケースもあります。

Q8 妊娠中に夫の不倫が発覚したフリーライターのB子さん

フリーライターのB子さんが、夫に裏切られたと相談室に来たのは、夏の暑い頃でした。大学時代に知り合った夫と結婚したのは30才のとき。卒業後、夫は広告代理店勤務で忙しく、B子さん自身も新聞記者として働いていました。仕事は充実しており、やりがいも感じていましたが、結婚に迷いはなかったと話します。

結婚後は会社を辞めて、B子さんはフリーライターとして仕事を続けることにしました。ある日、夫が風呂に入っているとき、携帯に着信があり、しつこく鳴っていたので悪いと思いながら見てしまいました。発信元は、見知らぬ女性。ドキンと心臓が波打つのを感じました。

夫の携帯とはいえ、他人のメールを見てはいけないとは思いながらも、すべてのやり取りをチェックするのを止められませんでした。そして風呂から出てきた彼を追及すると「なぜ、他人の携帯を見る‼」と逆切れされてしまいました。

B子さんはそのとき、妊娠4カ月。

夫は不倫相手とは「もう、会わない」と約束し、これからは会社が終わると同時にB子さんにメールし、それからの行動もきちんと明確に伝えると約束をしました。

しかしその後、夫はずっと不倫相手と交際していたことが分かります。

B子さんは、今後、夫とどのように付き合っていくべきか相談に来ました。

A8

夫の不倫に対して、自分はどうしていきたいか。二人の関係を見直すきっかけでもあります。相手を責めたくなるのは当然ですが、じっくり二人で話しあうチャンスです。自らの本音を明らかにしていきましょう。

B子さんは何度か相談室へ来て、夫との関係を話しました。夫の行動や態度を見ていると不信感はつのるばかりで、ますます夫の行動を細かく観察するようになっていきました。

夫婦の関係は良い方向には進んでいません。仕事の付き合いで飲みに行くと言って合コンに参加していたことも発覚しました。夫を信じようにも毎回裏切られ、不信感がつのるばかり。情けない、口惜しい、と唇をふるわせて話します。

またあるときは、落ち着いて「子どものためにもう一度やり直すと決めたのだから、彼の行動に関心を持たないで、つとめて何も言わないようにしている」と話したこともあります。

それでも、またやりきれなくなると、自分の気持ちを夫に聞いてもらいたい。これから生まれてくる子どものためにも、二人の関係を立て直していきたい。私が許せばうまくいくかもしれないので、と少しずつ夫への気持ちも変化していきました。

子どもが生まれて半年くらいした頃、また面談したいと相談室にやって来ました。

夫への信頼感を一度失ってしまうと、なかなか元のように戻れない。もうやり直すことができないのではないかという自分の不甲斐なさを責め、今後一人で子どもを育てられるかなど不安を語っていきました。

離婚についてもＢ子さんはもちろん、考えます。「信頼できない夫と、今後も一緒に暮らし続けることはできない。しかし子どもは男の子だし、どんな父親でもいないより、いたほうがいいのでは」と悩んでいることを打ち明けました。

こんなに自分は辛い思いをしているのに、夫は相変わらず仕事を言い訳にして、不倫相手とも交際を続けている。「許せない！」と怒りを感じる自分は人間としての度量が狭いのではないか、とも自問自答をしているようです。

この頃には、夫婦関係の修復というより、かなり離婚のほうへと気持ちが傾いているようでした。そして、自分自身のことを分析したうえで

「私は、嘘をつくことが大嫌いなんです」

「人を傷つけていることに気づかないのが許せないのです」

「正義感が強過ぎると母によく言われましたが、正義感が強いのは気が強いことだと思います」など自分の気持ちを確かめるように話していました。

そして「私はファイターなんです。きっと」と自嘲気味に微笑みます。

私は、ただB子さんの気持ちを聴き続けます。後押しすることもせず、諭すこともせず、彼女の言葉に込めた思いにただただ耳を傾けていました。

その後、離婚を決意しましたと報告に来たのは、冬になって子どもがお誕生日を迎えた頃でした。

「夫と相手の女性を訴え裁判に持っていきました。不倫は罪だと知ってもらいたかったの

です。それには慰謝料を請求して決着をつける必要がありました。決してお金が欲しかったわけではありません。慰謝料は大した額ではありませんし、裁判費用もかかりました。しかし人を裏切り、傷つけた代償を支払うのは人として当然のことだと思います」

と清々しい表情で話していました。

私が「復讐の気持ちでしょうか」と聞いたとき、B子さんは「いいえ、未練があるなら復讐になるでしょうけど」ときっぱり答えていました。

B子さんのように夫の不倫が発覚したとき、離婚という選択肢を取ることがいいかは人それぞれ違います。

B子さん自身も、結婚と同時に新聞記者という仕事を辞めて、フリーライターとして自宅で働いており、本当に自分一人で生まれてくる我が子を幸せにすることができるのかなど大きな葛藤がありました。

しかしそれでも自分の本質的な性格や現在の状況などに何回も向き合い、考え抜いた結果、離婚という結論を導き出しました。

現在、同様の状況に頭を悩ませている人も少なくないと思います。その場合も、「経済的に暮らしていけるだろうか」「子どもには二親いたほうがいいのではないか」などと不安を感じる前に、**まずは自分自身がどのような道を歩みたいのかじっくり考えてみてください。**一人で結論を導き出すのが難しい場合は、専門のカウンセラーに相談するのもいいでしょう。そうやって導き出した結果であれば、覚悟を持って進むことで、きっと新たな未来を実現できると感じます。

よくあるのが、「子どものために私が我慢する」「経済的に自立できないから」などとズルズル愚痴をこぼしながら引きずっていくパターンです。

はたして〝子どものため〟と我慢する親を見て、子どもはどう思うでしょうか。子どものためと思って離婚を思いとどまるのは決して悪いことではありません。その決心をしたのであれば、自分たち夫婦の在り方を大きく問い直す作業をしていく必要があります。

そして決して子どもに恩着せがましく、「子どものために私は我慢した」などと言わないことです。一人で考えるのは難しいかもしれません。カウンセラーや信頼できる人に相談しながら、これからのことに取り組んでいくことをおすすめします。

POINT

夫の不倫は人生の決断を強いられる一つの場面。このまま一緒に暮らしたほうがいいのか、離婚に踏み切ったほうがいいのか。カウンセラーの力を借りるなどして、まずは自分を見つめ直し、これからの人生を決断するところから始めていきましょう。

Q9 息子夫婦の不倫問題に悩まされているA子さん

最近、息子のお嫁さんから「夫が浮気をしている。子どもがまだ1才ですが離婚も視野に入れています」と長いラインが送られてきたA子さん。

さらにそこには「今までも何度か女性関係があった」との告白があり、「あなたの子育てが悪いので、こんな夫になったのです」と非難の言葉が記されていました。

早速問いただしたところ、息子はお嫁さんの気の強さを愚痴り、「家にいても休まらない」「女性とはたまたま会っただけで、その後は一度も顔を見ていない」などと言い訳したそう。

確かに優柔不断なところがある息子は、お嫁さんの気の強さに辟易《へきえき》しているのかもしれない、とA子さんは話します。

A子さんも60代後半。夫とは子どもが小さい頃に離婚し、女手一人で子ども2人を育ててきました。商売をしていたのでこれからのことを考え、店もたたみ静かに暮らしていきたい。心休まる老後を送りたいと思っていたところ、突然降って湧いたような息子夫婦の離婚問題に頭を悩まされているようでした。

孫が不憫《ふびん》である、何とか離婚しないで今まで通りに過ごしてほしいと願っています、と気丈な雰囲気のA子さん。

A子さんにできることはいったい何なのでしょうか？

A9

不倫は息子夫婦の問題。気が気でないかもしれませんが、できるだけ口出しをせず、そっと見守ってあげましょう。

A子さんは、毅然《きぜん》とした女性です。相談に来られた目的を早口で話し、こちらの話を聞きに来たというより、自分のことを話しに来たという感じで、よどみなく話し続けます。まず自分の半生について話し始め、一息ついた頃に、「この相談を通じて、どんな風になったらいいと思いますか?」と尋ねると、「孫が不憫なので、息子夫婦が離婚を思いとどまりまた仲良くしてほしいです。孫が可哀想ですから」と答えました。

「お嫁さんから『あなたの子育てが悪かった』とメールが来たときはどうしましたか?」と聞くと、「謝りました」と答えます。

「正直悔しかったけど、自分の息子のしでかしたことなので『私はそんな息子に育てたつもりはなかったけど、申し訳ない』とお嫁さんに謝罪しました。お嫁さんは気の強い人だけど、浮気をすることはお嫁さんの心を踏みにじり、傷つけたと思います。それなので親の立場として謝りました」と興奮気味に話します。

そして、A子さんはその事実を息子にも伝えました。息子には、「父親として責任ある行動を取りなさい。男なら言い訳しないでお嫁さんに謝り、言いたいことがあれば、逃げずにお嫁さんに伝えることが大事だ」と話したと言います。すると息子は「お母さんは、夫婦のことに口出ししないでくれ」と言い返してきたそうです。

「私のほうこそ、二人で仲良くしてほしいから、できるだけ口出ししないでいようと思っていたのに、お嫁さんから『あなたの子育てが悪かった』とか連絡が来たのよ」と言い返すと、息子ともケンカになってしまいました。

「こちらを巻き込んでおいて、口出ししないでと言われて、情けないです。私はどうすればいいと思いますか？」と途方に暮れたような表情で私に質問しました。

「A子さんも、そんなこと言われても困りますね。それならちょうどいいですから、息子夫婦のことは放っておいたらどうですか？」と私は返しました。

　気になるとは思いますが、夫婦で本音で話しあうべき問題で、母親としては何もできません。もし息子が妻のことを母親に愚痴っていては、また同じことを繰り返します。このままではお互い、感情に任せて空回りすることにもなりかねません。

　どんないきさつで、息子さんが浮気したかはたからは分からないものです。**孫が不憫で心配なのは分かりますが、夫婦の課題です。「親の育て方が悪かった」と言われても、基本的に親が出る幕はありません。**

　しかし、夫婦関係が悪化の一途をたどるようであれば、「夫婦でカウンセリングを受けてみては？」とアドバイスすることはいいと思いますよ、とA子さんには話しました。

「お嫁さんから『あなたの子育てが悪かった』と言われたとき、謝ったあとで、どんな風にこれから息子夫婦と関わっていこうと考えましたか？」と聞くと、A子さんは

「自分の子育ては、間違っていたかもしれません。でも、私は離婚して、女一人で男の子

2人を私なりに一生懸命育ててきました。金銭面でも、何も不自由はさせませんでした。確かに、男親がいなかったため息子は寂しく、そういった意味では、カウンセリングが必要なのかもしれません。それなので、息子のカウンセリングをぜひお願いしたいと思います。カウンセリング料は私がお支払いします」と話が逸れてしまいそうになります。

「いえいえ、息子さんがカウンセリングを受けるかどうかは、息子さんが決めることです。私はＡ子さんが息子夫婦と関わっていくうえで、どんなことを心がけていけばいいとお考えなのかを知りたいのです」

「もう、息子夫婦には何も言いません。息子にも私のところへは来ないでと話しています。

私は静かに、これからは好きなように過ごしたいのです」

「それは、いいですね。夫婦の問題なので、二人で解決すればいいですし、Ａ子さんは今後自分のやりたかったことをしていけばいいと思います。好きなこと、やりたいことは何ですか？」

と話をＡ子さん自身に促《うなが》していきました。

自分のしたかったこと、今まで生きてきた中で苦労したこと、自分の母親のこと、家族の確執など、自分の半生を冒頭よりさらに詳しく話し、「私は自分のために生きてこなかった。生家のために事業を継ぎ、必死で生きてきた。これからは、自分の好きな社交ダンスなどをやりたいです」と話す頃には、最初に来たときの険しい表情は消えていました。

A子さんの話を聴いて、私は共感することばかりでした。

頑張ってきたのは自分のためではない。いつも子どものため、子どもが大きくなると母親のため。女性として誠実に頑張って、生きてきました。

ここで、A子さんに残りの人生の時間をとらえなおしてもらう、ワークを受けてもらいました。人生のライフラインを書くことで、これから先、漠然と自分の好きなことをする人生を思い浮かべるのではなく、見える化してもらったのです。

ワークを受けた結果、自分ごとであることを実感できたようで、「息子は私から逃れたかったのかもしれません。薄々気がついていましたが。これからは息子のことをもっと信頼することですね」と、帰るとき穏やかな表情で言い残しました。

POINT

息子の夫婦関係に基本的には立ち入ることはできません。しかし夫婦仲があまりにも険悪なようでしたら、カウンセリングを受けるなど第三者の立場で勧めてみるのがいいでしょう。自分の育て方が悪いのではなく、過干渉が子どもの自立を奪うのです。

Q10 友達付き合いにまで口出ししてくる夫が煩《わずら》わしいW子さん

W子さんの夫は、自分の意見に賛成しないと不機嫌になります。自分の話を聞いていないと怒り、一緒にテレビを見ていて、W子さんが家事をするためにキッチンに行くだけでも機嫌が悪くなります。

手を挙げることはありませんが、気にいらないことがあると、お酒を飲んで大声で仁王立ちになって怒鳴る、物に当たるなどは日常茶飯事。食事の支度が30分でも遅れると機嫌が悪くなり、お酒の量が増すので、毎日ひやひやものです。

また夫婦で商売をしており、W子さんのほうがお客さんの接待に誘われることが多く、それも面白くないようで、3回に1度はついてきます。そして、W子さんを秘書どころか、召使いのように扱い、W子さんは「はたから見たらどう思うか」も気になっています。

さらには最近はW子さんの友達付き合いにもついて行きたがるようになり、辟易する毎日。干渉も以前に比べてどんどんひどくなってきました。

結婚して25年、何度も離婚を考えましたが、W子さんは、自分が不仲の親の元で育ち、大学にも行けなかったので、どうしても我が子だけは大学進学させたいという願いから、思いとどまってきました。

夫は子どもには甘く、何でも買い与え、特に娘が小さいときは、靴下をはかせたり、ランドセルを持ってあげたり、猫可愛がり状態でした。大学生になった今も朝晩の送り迎えを喜んでしています。

そんな夫との生活を憂えて、W子さんは15年もの間、相談室に通い続けています。

A10

現在と離婚後、どちらの生活が大変か。天秤にかけたうえで、現在を選んだのであれば、引き受けていく覚悟を持ちましょう。そのうえで少しずつ自分の人生を考えること、すべて自分で決めることです。

W子さんは15年間、年に1度相談室に来室して、自分の気持ちを整理し、確認していきました。夫の執拗《しつよう》な独占欲と我がままな態度を、相談室に来て話すことで、心の平静を保っているようでした。

親のようにはなりたくないと思っていたのに、自分も両親と同じように夫婦間の不仲を繰り返していることを嘆きながらも、「子どものため」と頑張っていました。

夫であっても、相手を変えることはできないのは言うまでもありません。

一緒にいる以上、もう少し自由に行動したいという思いを伝え続けていくしかない、とW子さんにはアドバイスしました。

「子どもに対しては、甘やかしているとはいえ、愛情もあり、学費も出してくれるのは助かりますね」。そうW子さんには伝えました。

W子さんが離婚しないことを選択したのは、子どものためかもしれませんが、きっと**離婚したあとの生活の大変さと比較して〝現在〟を選択したのでしょう。**今のW子さんにとって、経済的な支えは必要だと思われました。

W子さんにとって経済的な問題は大きいようで、学費以外の面でも、一人で子どもを抱えて生活することに対しては不安を感じているようでした。〝現在の生活を続ける〟という選択をしたのであれば、あとは夫と少しでも穏やかに過ごすにはどうしたらいいか。考えて、実践していくだけです。

干渉されて外出を控える必要はないと感じたため、W子さんにも「やりたいことがたくさんあるのなら、干渉されてもすることをおすすめします」と伝えました。

干渉されるから〝しない〟のではなく、干渉されても〝したい〟ほうが良いです。そのために必要な費用を自分で稼いでいるのなら、なおさらのこと。

召使い並みの扱いも、夫が自覚しないでやっていることとはいえ、伝えることは必要です。夫が変わるかどうかは分かりませんが、根気よく伝え続けましょう。

すべて夫にとっては当たり前のこと。否定されていることが理解できないばかりか、自分を認めてもらえなくて、寂しいと思っているかもしれません。そんな夫でも良いところはたくさんあるはずなので、良いところを見つけて、「ありがとう」と言うことを話しました。

しかし半年後に相談室に来たとき、「もう自信がない、やっていけないかもしれない」とふさぎ込んでいました。

「良いところを見ようと、努力したら、少しは気分がいいようで機嫌がいいのですが、仕事と家事を両立していると、時間通りにできないこともあります。夕食の支度が遅れると不機嫌になるのは今まで通り変わりません」

それにお酒が入ると手がつけられないのも変わらないそうです。

「もう疲れた、家を出たい」と娘にも相談したら、「私たちのために我慢しなくてもいい、離婚にも反対なんかしないよ」と言われたそうです。

これからは、仕事の整理をしながら、離婚に向けて準備していきたいと決意を固めていました。

長い期間、考えて導き出した結果です。これからも泥仕合《どろじあい》が待っているかもしれませんが、W子さんが頑張ってきたことは娘さんたちが知っています。もっとW子さんは自分を大切にしていいのかもしれません。

私は「どんな状況になっても、いつでも応援しています。遠慮せずに来てくださいね」と伝えました。すると、涙を流しながらも笑顔を見せてくれました。

長いこと同じことを話して、元に戻るということを繰り返し、やっと踏ん切りがついた笑顔は晴れ晴れとしていました。

POINT

夫婦であっても相手の性格は変えられないもの。まずは感謝の声かけや勇気づけを行うなど自ら行動してみましょう。その結果うまくいかなかったとしても、自らが決断したことであれば、悔いのない人生を歩み、自分に自信もついていくでしょう。

Chapter IV

第 Ⅳ 章

アドラー心理学とは何か？

「ＳＭＩＬＥ」やカウンセリングなどの経験を通じて、私はたくさんの悩みを抱える女性たちに出会いました。彼女たちは一様に真面目で、頑張っていて、現状を良くしようと、自分なりに精いっぱい努力しています。

しかしどの方向に進めばいいか分からず、思わず空回りしてしまう。そんな状態を変えたいと思って学びにきてくれる女性たちに、私は少しでも良いアドバイスを伝えていきたいと考えています。

そして、すべての方位磁針になっているのが、**〝アドラー心理学〟**です。

私が出会った多くの人たちは、アドラー心理学の提唱する方法を実践することで、親子関係や夫婦関係を中心とした家族関係、人間関係を以前よりも改善することができました。男女ともに、共存しながら生きていくこれからの時代こそ、アドラー心理学をベースに暮らしていくことが多くの人たちの助けになると思っています。

第３章まで私自身の話を中心に、実際に私が出会った女性の受講者たちの事例を取り上げることで、アドラー心理学がどのような悩みやトラブルを解決できるのかを説明してきました。本章ではさらに具体的にアドラー心理学とはいったい何なのか？　そのエッセンスをお伝えしたいと思います。

アドラー心理学とは

　私がアドラー心理学を学んで一番感じたのは〝**アドラー心理学とは、問題を解決できる心理学**〟であるということです。

　世の中には、さまざまな心理学が存在します。どれも素晴らしいですが、「あなたの現状は○○が理由で××という状態になっていますよ」という解説はしてくれるものの、では、そこからどうやって問題を解決していくのか、その方法を提示してはくれませんでした。多少納得感はあるものの、問題を解決して気持ちがスッキリするところまでは至りませんでした。

　私がいろいろな心理学を勉強する中で、次の一歩を踏み出すことができるようになったのはアドラー心理学のおかげです。

　なぜ、アドラー心理学は〝問題解決のできる心理学〟なのでしょうか。

　ここから、基本的なアドラー心理学の考え方を紹介すると同時に、その理由を説明していきます。

▽人間関係論：すべての悩みは人間関係にある

アドラー心理学では、すべての悩みは人間関係にあるといい、これを〝人間関係論〟といいます。

私たちは人生において、さまざまな出来事に遭遇します。引っ越しで転校しなくてはならなくなったとき、受験で失敗したとき、就職、結婚を控えていたときなど、さまざまな問題が起こり、悩み、ときにはストレスから体調を崩す人もいるでしょう。こういった事柄は、直接的には人間関係で起こった問題ではないように見えても、無関係と断言はできません。

例えば、転校したとき新しい環境に馴染めるかどうか悩んだとしても、新しい友達ができると解消されます。受験の失敗もとらえ方の問題で、合格している人たちと比較すると落ち込んでしまいます。逆に「失敗したのはあなただけではない」と友達から励まされると、前向きにとらえなおすことができます。友達という、よき仲間がいることで、悩みは半減するのです。

就職や結婚にしても同じことで、新しい環境への変化は良好な人間関係があれば、深刻になることなく乗り越えていけます。そのため、自分を受け止めてくれる人間関係があることが重要です。

「私は人間関係が苦手です」という人が多くなった気がしますが、実はそれは人間関係の距離の問題で、人は一人で生きていくことはできません。人と距離を置きたい、人と密接に関わりを持つのは苦手ということでしょう。

集団に溶け込まずに、遠くで眺めている自分がいる。その距離感に居心地のよさを感じる人が多くなったのかもしれません。良いか悪いかはともかく、ネット社会が作りだした人間関係で、現代社会の一面でしょう。

人と一緒にいることで、安心感を得られるという人もたくさんいます。

私などは後者で、人と一緒にいるほうが楽しく、一人ではとても生きていけないタイプです。

そうはいっても、人間関係が面倒くさいと思うことはたびたびあり、一人で静かに本を読んだり、街をぶらぶらしたりするのも好きで、手軽なストレス解消法は出かけてぶらりと半日過ごすこと。心がスッキリします。

距離の問題といいましたが、関わりの密度が濃いと辛い、重たいとなってくるので、自分にとってどの距離感がベストなのかを知ると、楽な人間関係が作れるようになります。

日本人は言葉に出して自分の欲求を伝えることが苦手といわれますが、特に日本は農耕民族で同じ土地で長く暮らしていく社会を作ってきました。村の中で皆と力を合わせて生きてきたのです。

一人でできることは非常に少なく、他者と力を合わせて生きていかなければならない時代が長く、望む望まないに関わらず、そのようにする必要があったのです。

そんな社会では、言葉に出さなくても分かってしまう、という関係性が作られていきます。そのようなコミュニティができると、お互いに気を使いながら、争いが起きそうなことは直接言わなくなってきます。それでも表情に出てしまうことがあり、相手の感情を察して、嫌なのだということを理解し、相手が不愉快に思うことはしないように行動するのが、人間関係を円滑にする方法だということを学習してきました。

感情でやり取りする、察し合うノンバーバルコミュニケーションは、関係性を複雑にしていきます。

日本人は何を考えているのか分からない。「ＮＯと言わない日本人」などと外国人から揶揄《やゆ》されたり、だから奥ゆかしい「おもてなしの文化」が生まれたなどと持ち上げられたりと、グラデーション豊かな日本人論や日本文化論が取り上げられています。どの社会にも活用できる理論ですが、ノンバーバルなコミュニケーションを得意としている私たち日本人には、特に有効なヒントがたくさんあります。

それは〝他者に迷惑をかけないように〟という考えが、日本人の子育てのベースになっているからです。

他者の目を意識した言葉や態度に敏感。対人恐怖症とまではいかなくても、引っ込み思案、人見知り、あがり症などで人間関係が苦手という人によく出会います。日本人に多く見られる傾向のようです。

「人間関係が苦手」という人は内向的な人が多いですが、それは内向きな性格がよくないという思い込みがあるからでしょう。

内向的な人は、外交的な人にはないとても繊細な優しさを持っています。そんな自分の良い点を見ていくようにすると、人間関係が楽になっていきます。難しいと感じる人は、まず「自分は人と付き合うのが苦手だ」と自分を受け入れてしまいましょう。

そのように、自分のことや他者のことを知ることによって、おのずと解決の糸口が見えてきます。悩みを解決するには、まず〝人間関係〟を学ぶことが早道です。

POINT

すべての悩みは人間関係にある。
だからこそ、〝人間関係〟について学ぶことは、
すべての悩みを解決する糸口になる。

▽全体論：ありのままの個人すべてが〝あなた〟である

人は分けることはできない、ありのままの全体がその人であるという考え方を、アドラー心理学では〝全体論〟といいます。

人間は朝、起きた瞬間から、頭の中でいろいろな思考が渦巻いています。常に何かしらのテロップが脳内で流れ続けているような感じです。

あるときはネガティブな思いにとらわれていたり、またあるときはルンルン気分でやる気に満ちあふれていたり、別のときは葛藤して頭の中を同じ考えがグルグルと回っていたり、ときには迷って立ち止まって進めなくなったりすることもあります。

それらの心の動きは一つ一つバラバラではなく、個人が幸せという目的に向かって、私という〝全体〟で動いているのだという考え方です。

理性と感情、心と体、主観と客観などと分けないで、矛盾している自分も含めて私という個が全体であり、全体が個であると考えることです。

例えば、無意識に行動したことが、後になってよかったと思うことはありませんか？

本当はここのところ忙しくて家でゆっくりしたかったけれども、「やっぱり挑戦してみよう」と行動を起こし、そこで出会った人から教えてもらったことが、その後の自分の仕事に役立ったなどの経験が私にはあります。計画的に「今後の○○の仕事に役立てよう」と決めて取った行動ではありませんでしたが、私という全体から見ればとても良いことにつながったのです。これは私の目的に向かって意識だけでなく無意識も働いて、私全体でよい方向へと向かって動いていったと、動的な動きでとらえます。

また、頭では、「朝早起きして、勉強したほうがいい」と分かっているけれど、起きられない。眠さには負けてしまう。それは言い訳で、本音では、朝早起きしたくないのです。

私自身、朝が弱く、「明日から早起きして、午前中の時間帯をもっと有効活用しよう」と何度も決心し、早く寝ようとしますが、元来夜型であるため、なかなかできません。

このように私たちは時々「頭では分かっているけれども感情的に受け入れられない」「正しいことは理解しているけれども認められない」「やりたいけれども、やる気が起きない」

といった状況に陥《おちい》りますが、それも含めてすべて私です。そのように考えるだけで、「こういった部分があるのも自分なのだ」と自分を受け入れやすくなり、結果、ストレスやフラストレーション、自分に対しての罪悪感などを軽減することができます。

POINT

できない私も、うまくいかない私も、すべて〝私〟。
そう思えると、
自分をもっと受け入れやすくなれる。

▽自己決定性：私たちはすべての事柄を自分自身で決めている

私たちは人生の些細なことから、岐路に立たされたときのような大きな出来事まで、すべて自分自身で決断しています。これをアドラー心理学では〝自己決定性〟と呼びます。

この人と結婚しよう、離婚しよう、出産しよう、就職しよう……。すべて自分が決めてきたことです。

中には、「強引に求婚されて断れなかった」「子どもができてしまったので産むしか選択肢がなかった」「親が望んだ相手だったので仕方がなかった」などいろいろな言い分が出てくる人もいるでしょう。そうであっても、最終的に決断したのは自分です。

私も最初、自己決定性の話を聞いたとき、確かに結婚や離婚は自分で決めたと思っていましたが、それ以外すべてを自分で決断しているという考え方はとても新鮮でした。

それまで受け身的な発想でしかありませんでしたが、そう言われれば何度も自分で決めてきたことを思い出したのです。

例えば、子どもの頃、〝女の子だから〟という理由で、家事を強いられるのに辟易《へきえき》していました。それまで一人っ子同然で、祖父母の元、甘やかされて育てられてきた私でしたが、再婚していた母が再び離婚し、弟2人（3人の内1人は叔母のもとに）を連れて祖父母の元に戻ってきたため、私はいきなり、長女の役割を担わされるようになりました。

当時の子どもたちは当たり前のように家事手伝いをしていたため、私が特段家事を強いられていたわけではありませんが、遊びから早く帰るように言われたり、今までのように好きなだけ漫画を読むことができなくなったりして、私にとって理不尽で仕方ありませんでした。祖母から叱られることもたびたびで、不自由でふてくされることが多くなりました。

事あるごとに、〝お姉さんだから、女の子だから〟と言われることに、反抗。
当時は母の弟、叔父も同居していましたが、叔父はお酒を飲んで夜遅く帰ってきて、「ご飯を食べたい」と寝ている祖母を起こすなど無茶苦茶していました。しかしそれに対して何も言わず、黙々とご飯をよそう祖母に対しても、不満を増長させていました。

当時、「女は一生、こんな不自由な思いをしなければいけないのか。私は結婚なんかしない」と漠然と決めたことを、アドラー心理学を勉強し始めてから思い出しました。

ほかにも、10才くらいの頃、将来東京で暮らすと決めたことなど、さまざまな決断をしてきました。今では、小さな選択の連続が現在の私を作っていると、つくづく感じざるを得ません。

「自分で決めてきたことなんだから、受け入れなければいけない」など、〝自己決定性〟はある面、厳しい見方ともいえます。しかし、不都合なことがあれば、もう一度自分の人生を決め直せるという見方にもつながります。

そう簡単ではないかもしれませんが、これからも私たちは自分自身であらゆる事柄を決断して生きていきます。そうであれば、〝何となく決める〟のではなく、〝能動的に○○しよう〟と決めていきませんか？　そうすることで、自らの決断により生じた問題やトラブルを受け入れやすくなり、前向きに解決しようという気持ちが湧き起こってきます。

POINT

私たちの人生に起きていることはすべて自分自身で決定している。
だからこそ、
私たちは新しい人生を歩み始めることも決断できる。

▽目的論：私たちは〝幸せになる〟という目的のために生きている

私たちは皆、幸せという目標を達成するために生きている。その考え方をアドラー心理学では、〝目的論〟といいます。

多くの人が問題が起きたとき、「なぜこのような事態が発生したの？」と原因を考えてしまいます。このように過去にさかのぼって原因を探ることを原因論といい、これは自然科学の基本的な考え方です。そのため、私たちも問題にぶつかったとき、まずは原因を探ろうとします。

目的論は問題の原因ではなく、今起こっている問題の〝目的〟は何かと考えます。なぜなら、人間の行動にはすべて目的があるという前提があるからです。

例えば子どもが学校に行かないとします。なぜ学校に行かないのか、アドラー心理学では目的があると考えます。

もしかしたら学校に行かないのは、親に甘えられるという目的があるのかもしれません。学校に行かないことで自由にゲームができると思っている可能性もあります。

登校を拒否する子どもをどうしていいか分からず、「どうして学校に行かないの？」とか「学校に行かないと大人になって後悔するよ」など、あの手この手を使って説得したり、叱ったり、嘆いたり、しまいには自分のほうが混乱してしまう親もたくさんいます。

でも子どもの目的が〝親の関心を得る〟ことであれば、不登校をすることで、親に叱られるという関心を得ていることになり、子どもは目的を達成することになってしまうのです。

一般的に、不適切だと思われる行動には以下４つの目的があることが多いです。

・注目、関心を引きたい

・力を誇示したい（権力闘争）

・復讐《ふくしゅう》したい
・無気力な状態になっている

「注目、関心を引きたい」というのは、私たちの基本的な欲求ともいえます。

子どもが学校に行かない、宿題をしないなど、親をイライラさせる不適切な行動を取っているときは、「もっと自分に関心を向けてほしい」という目的があるかもしれません。親をいら立たせることが一つの目的になっているのです。

「それって、ちょっとおかしくありませんか？　私がイライラしていると、子どものほうもそっぽを向いたり、不機嫌になったりするのですよ」と思うかもしれませんが、子どもも無意識に行っています。

そのため、この場合、甘やかしたり、叱ったりは逆効果。

年齢にもよりますが、例えば、なかなか朝起きてこないとか、ぐずぐずして身支度しようとしないときは、ほっといて、さっさと親は仕事に行くことです。

子どもを置いて、仕事に行くのは心配だという人もいるでしょう。

しかしこれは親ではなく、子ども自身が乗り越えなくてはならない課題。

子どもを信頼して、できる限り自力で壁を越えられるよう、極力口出ししないことが大事です。

反抗的な態度を取ったり、汚い言葉でののしってきたりするとき、子どもは「自分の力を誇示したい（権力闘争）」という目的を持っている可能性があります。

親からしてみると「なんて汚い言葉を口にするの」と怒りの感情が湧き起こってきますが、子どもは怒られることで「自分を相手にしてくれている」「関心を向けられている」と満足してしまいます。

そのため、〝怒る〟〝叱る〟といった対応では、不適切行動は止まらず、続いていくことになります。

では、どうしたらいいのでしょうか？　ここで役に立つのが〝勇気づけ〟です。

勇気づけとは、当たり前のことを見逃さずに「ありがとう」「助かった」「嬉しい」などとプラスの言葉かけをすること。そうすることで、子どもを大切に思っていること、大好きな存在で信頼しているということを子どもに伝え続けられます。勇気づけは、子どもの〝自己肯定感〟を育てることにもつながります。

子どもが自己肯定感を持てるようになると、安心感が増してきて、不適切行動も自然と減少していきます。

しかし反抗がエスカレートして、学校をさぼったり、夜の繁華街を徘徊《はいかい》したり、イジメをしたりするなど反モラル的な行動を取るときは、大人社会や学校への「復讐」が考えられます。

これは前述の２つの目的より、やや過激な態度になるため、親や教師も振り回されやすいです。この場合、親だけでなんとかするのではなく、学校やカウンセラーなど専門家の力を借りて、対応を検討したほうが賢明と思われます。

最後に、引きこもりなどの不適切な行動の目的として「無気力」が挙げられます。

ここまできてしまうと、親だけで対応するのは難しいため、専門機関やカウンセラーなどに相談しながら、子どもとの関わり方を学び、親も心理的ケアを受ける必要があります。大変かもしれませんが、必要以上に甘やかすことなく、あきらめずに子どもを受け入れていくことが大事です。

「ＳＭＩＬＥ」の受講者であるR子さんも、息子を信頼することは待ち続けることだと信じて、何も言わずにただ食事を作り、子どもをほっといて仕事に行くといった変わらない生活を送っていました。ときには不安との戦いに負けそうになったこともあると言います。しかし、その間、息子は自らの将来と向き合い、その後、かろうじて出席日数をクリアし、大学の推薦を受けることができました。卒業後は大学に進学し、奨学金をもらい、アルバイトをしながら学業に励んでいます。

最初からR子さんも息子の状態を素直に受け入れられたわけではありません。それまでのR子さんは、つい成績優秀だった息子に対して「こんなことでどうするの？」「あなたはできる子なのよ。お母さんがよく知っている」などと口うるさく言う傾向がありました。

そのたび息子は「うるさい」とその場から逃げ出し、R子さんは絶望感におそわれていました。

しかしR子さんはある日、「ＳＭＩＬＥ」のテキストに〝条件付きでは信頼していることにはならない〟という言葉を見つけ、ハッとさせられたそうです。それまでの言動は〝勉強ができたから息子を信用していた〟というメッセージを無意識に息子に送っていたということにR子さんは気づかされました。

以来、R子さんは息子ではなく、自分自身のことについて深く考えるようになりました。

その結果、家族とも笑顔かつ自然体で関われるようになり、息子も無事、引きこもりから卒業していきました。

POINT

私たちの行動のすべてには〝目的〟がある。
問題解決のためには、
まず相手の目的を見極めることが大事。

▽勇気づけ：すべての人間関係を良好にするための第一歩

アドラー心理学は〝勇気づけ〟の心理学といわれるほど、大切な項目です。

勇気づけとは、当たり前のことを見逃さずに「ありがとう」「助かった」「嬉しい」などと、プラスの言葉かけをしたり、相手の話に耳を傾けたりすること。そうすることで、相手を大切に思っている、大好きな存在で信頼しているということを伝え続けていきます。

勇気づけを行うことで、自然とさまざまな人間関係がよくなっていきます。

しかし勇気づけの話をし、子育てをするうえでは欠かせないと説明すると、子どもを甘やかすのではないか心配する人がいます。

甘やかすというのは、根負けして親の意見を曲げてまで子どもの言いなりになってしまうこと。そうではなく、**そのままの子どもを尊敬、信頼する態度で関わることが勇気づけ**

です。

勇気づけは子育てだけでなく、夫婦関係、上司・部下の関係、友人関係などさまざまな人間関係において有効です。

そのため、人間関係につまずいたときは、「なぜあの人はこのような言動をするのか」まず目的を考えてみてください。そして、相手に対して勇気づけを行う。

日常的に継続していれば、きっとすべての人間関係がよりよくなっていくはずです。

POINT

勇気づけはすべての人間関係を改善するうえでのキーポイント。
相手の話を傾聴し、プラスの言葉かけをするだけでいいので、
まず実践してみることがおすすめ！

第 V 章

アドラー心理学を使った子育ての方法

困ったときにこんな手順で考えてみましょう

第4章では、アドラー心理学の基本的な5つの概念についてお伝えしました。

これらはアドラー心理学理論の一部で、まだまだたくさんの役に立つ考えがありますが、そのすべてを説明すると、それだけで本書は終わってしまいます。そのため、特に重要だと思われる概念だけをピックアップしました。

そしてその考え方を皆さんにも身につけてもらうため、第5章では、アドラー心理学を使っての子育ての悩みの解決の仕方を紹介していきます。

本書を通じて私は、今まさに子育てに孤軍奮闘しているお母さんたちや夫との関係に悩んでいる妻たちの気持ちが少しでも楽になってほしいと願っています。

解決できるかはケースバイケースですが、考え方を変えるだけで、ヒントがつかめたり、一歩前進できたりすることはたくさんあります。

まずは「心理学なんて難しそうな学問、そう簡単に応用できない」なんていう思い込みを捨てて、以下の問題について考えてみてください。あなただったら、どう解決しますか？ワークを通じて、「私の場合はこうしよう」「このやり方をあの人に教えてあげたらいいかも」なんていうアイデアがひらめくかもしれません。

そんな皆さんの変化を期待して、アドラー心理学を使った子育ての仕方についてお伝えしたいと思います。

～アドラー心理学的子育ての悩みを解決する基本原則～

まず実践問題に取り組む前に、アドラー心理学を使った子育ての悩みを解決するための基本原則をお伝えします。この基本原則は、子育てに限らず、夫婦関係、親との関係などすべての人間関係に当てはまります。

ぜひ人間関係に悩んだときは、以下の基本原則にのっとって行動してみてください。

STEP1
行動の目的は何だろうと考え、誰の課題かをしっかり見極める

困ったときやムカッとしたとき、思わずしてしまうのが、「何度言ったら分かるの！」「あ

れほど○○しなさいと言ったでしょう」と口うるさくガミガミ怒ってしまうこと。

そんなときは、まず〝この行動の目的は何だろう〟と考えてみてください。多くの場合、「承認されたい」、「関心を引きたい」などの目的があります。

承認、関心を得たいことが目的だとしたら、不適切な行動を繰り返すことは、普段何か満たされていない不全感がある可能性があります。その場合、不適切な行動があったときに関心を示す（口うるさくガミガミ言うなど）と、かえってその行動が長引くことになりかねません。

注意したり、怒ったりすることも、マイナスの表現ですが、関心を持つことになり、逆効果です。

不適切な行動をしたときは、まずはかまわないでスルーしましょう。

そして忘れてはならないのが、普段、当たり前に行っていることを〝当たり前〟と見逃さずに、勇気づけることです。

例えば、ご飯をしっかり食べていたら「おいしそうに食べてくれると、お母さんやる気が出るわ」などと伝える。日常の中で、母親が笑顔でいることが子どもにとって最大の勇気づけになります。

不適切な行動を続けたとき、この結末はどんなことになるか、その結果は誰に降りかかってくるのかを考えます。

子どもが、宿題をしないで学校に行ったとしたら、先生に怒られるのは子どもです。怒られるという体験をした結果、「今後は同じことを繰り返さないようにしよう」と考えるようになるのです。宿題をするかしないかは子どもの課題で、それには親は関わらず、〝先生に怒られる〟という結末を体験させたほうがよっぽど子どものためになります。

可愛い子には旅をさせよということです。親は極力口を挟まないで見守りましょう。

STEP2

気持ちの伝え方を考える

なぜ子どもが宿題をやらないことが心配になるのでしょうか？

自分が子どもの頃は、親に言われなくても宿題をしていた。宿題をやらないなんて考えもしなかった。そういう子はクラスに何人かいたが、当然成績は悪く大学に進学できなかった、など自分の体験を通して、不安になってしまっているのではないかと考えられます。

しかし、あなたと子どもは違う人格です。

子どもにとって良い人生を歩ませたいと思うのは、親として当然のこと。子どもに幸せな人生を歩んでもらうには、自分で解決できるという自信を持たせてあげることが近道です。

子育ての目標は、子どもが自分の人生を自力で歩む力をつけてあげることと考えたほうがいいでしょう。親が問題を解決してあげることで、子どもは貴重な体験を失ってしまうのです。今後の子どもの人生にはどんなことが待ち受けているか分かりません。だからこそ、一つ一つ自分でぶつかって切り開いていくしかありません。困難を取り除いてあげるのは、子どもの自力で解決する力を摘み取ってしまうことになりかねないのです。

だからといって放っておけばいいものではありません。我慢することでイライラするようなら、お母さんの心配な気持ちを伝えることも大事です。しかし、伝え方には工夫しましょう。

親が子どもに自分の気持ちを伝える際は、率直に「私は勉強しないあなたを見ていると心配なのよ」と言いましょう。「あなたのために言っているのよ」「宿題をしないなんて先が思いやられるわ」「勉強しておかないと後悔するわよ」など〝子どものため〟という伝え方は、自分に正直ではありません。

あなたのためという口癖、あなたの素直でない言い方が、子どもの癇《かん》に障ってしまうのです。

STEP3
自分の思い込みをチェックしてみる

私はどんな価値観や思い込みがあるのか、なぜそのようなことを考えるようになったか、他者に対してどんな思いを抱いているかなどを、書いてみることも大事です。自分の心の世界をのぞいてみましょう。

小さい頃に親によく言われたことや親の価値観が自分の思い込みにつながっているケースはよくあることです。

例えば、「女の子は笑顔が大切」と言われ続けそれが嫌だった、宿題は学校から帰ってすぐやらないと親に怒られた、嫌だったのに学校から帰ってきたら毎日1時間はピアノの練習をさせられたとか、たくさんあると思います。

中には当時は嫌だったけど、やってよかったと今では思っている。だから自分の子どもも今は嫌かもしれないが、いつかは「やって良かった」と思う日が来るだろうと考える人もいます。

その気持ちもよく分かりますが、自分にとってよかったことが子どもにとってもよいかどうかは別の問題です。子どもはあなたとは別の人格なのですから。

子どもが親と同じように「あの頃は嫌だったが、あとになってよかったと思えた」と感じるとは限りません。それよりも、もっと自分のやりたかったことを学ぶほうが、嫌々ながらやらされるよりもはるかに身につきます。

このように自分の体験から思い込みは作られていきます。一度自分の思い込みは有効かどうか考えてみると、意外と自由な広い考え方を受け入れられるようになるかもしれません。

思い込みは私たちの行動や価値観の基準を作っているわけですから、良いとか悪いとかいうものではありません。思い込みを変えてみることによって、自分がより自由になり、物事に一喜一憂しなくなります。

子どもにも失敗する権利があり、責任を学ぶ機会だと受け入れられると、楽になり親の世界も広がっていきます。

STEP4

自分の感情をコントロールするスキルを身につける

子どもがいつまでもグスグスして、学校に行くのが毎朝遅くなるとき、「今何時だと思っているの！」「だから夜は早く寝なさいと言っているでしょう」など怒りの感情が出てきて、つい怒鳴っていませんか？　これを繰り返していたら、子どもは親の怒りに反応して行動することを学んでしまいます。

あなたの怒りの下には、実は「不安」が隠れていたりします。怒りは〝二次感情〟といい、その奥にあるのは「不安」や「寂しさ」「悲しみ」「悔しさ」「後悔」などの漠然とした感情です。それらが混然となって、怒りとなって出てしまうことがあるのです。

感情が悪いわけではありませんが、関係性を壊してしまうことを避けるためにも、怒りが出てくるなと思ったら、その場を離れるか深呼吸をするだけでスーッと小さくなっていくことがあります。

感情のコントロールは呼吸法やヨガ、スポーツなどがとても有効といわれています。

怒りっぽくて困っている人は、生活の中に取り入れるといいでしょう。

～アドラー心理学的子育ての悩みを解決する基本原則・実践編～

では、以下の具体的なケースに直面したとき、あなたは上記の方法を使って、どのように問題を解決しますか。具体的に考えてみましょう。

case 1

まだ小2なのに不登校の娘。登校させるにはどうしたらいい？

小学校1年生の秋から娘が学校に行くのを渋るようになりました。2年生になって新学期が始まると、毎朝泣いて「行きたくない」と言い、私がついていくと何とか教室に入るということが続いています。

A1

いつまでもママと一緒にはいられない。そのことを体感させてあげましょう。

これだけの情報では難しいですが、ここでは思い切ってシンプルに考えていきます。

ママと一緒になら学校に行けるというのは、まず目的は「関心」を求めていると考えられます。

では、一人で行けるようにするにはどうしたらいいでしょう。

甘えん坊だと思われるので、ママと一緒に行くところからスタートしてもいいですが、友達と一緒に遊ぶ機会を作るのがいいと思います。友達と遊ぶことでたくましさを身につけられるからです。

そして、**ママが外に出て、忙しい状態を作るのがいいでしょう。**ママもずっと一緒にいることはできないことを話し、親の忙しい姿を見せることがとても大切です。

また、お手伝いをお願いすると、「ママが助かるので、○○ちゃんが手伝ってくれると嬉しい」と勇気づけのチャンスをたくさん見つけられるようになります。家族全員の役に立っていることを体感してもらうと同時に、子どもの自信にもつながり、学校に行くというハードルも低くなり自然と行けるようになるでしょう。

case 2

母親に「死ね」など暴言を吐く娘。ひどい言葉づかいを改めさせるには？

15才の娘の言葉づかいのひどさに、腹が立ち親子ゲンカに発展します。相手にしないと今度は「人の言うことを聞かない」とますますエスカレートしていきます。最近はさらに悪化し、「てめぇ」「うぜー」「死ね」などもよく使います。

A2

娘さんが暴言を吐いたらそっと離れる。そして「私は好きなことをやらせてもらいます」と宣言しましょう。

15才というと高校受験など将来という大きな壁が立ちはだかっていると考えられます。モヤモヤをぶつけて、母親に甘えているのでしょう。

このような場合、暴言を吐いたら、物理的にその場を離れます。イライラするからといって、そんな言葉を投げつけていいわけではありません。

そして、冷静になったときに「そんな言葉づかいはやめてほしい」と感情的にならずに伝えましょう。ちょっと荒れるかもしれませんが、ここは毅然と振る舞うことが大切です。そして、**「お母さんもやりたいことがたくさんあるので、やらせてもらいます」と自分がやりたいことを始めるのがいいと思います。そっとしておくには、近づかないのが一番です。**

娘にとって母親は女性としてのモデル。自分の将来像を母親に投影していることも多いです。母親へのいら立ちは、成長過程ではよくあること。肉体的な変化とともに精神的な自立に向けての儀式だと思って、「私も自分のことを考えてやりたいことをやります」と宣言してください。

それから、穏やかなときは必ず勇気づけることを心がけてください。特別なことをしなくても、些細なことを見つけて「ありがとう」「助かるわ」と言ってみてください。

何かがきっと変わります。

case 3

将来のことを聞いても「うるせぇ」ばかりの息子。夢を持たせるにはどうすればいい？

高校生の息子。この先どうしたいのか聞いても話してくれません。何を考えているのか、大学、または専門学校に進学したいのか、将来の夢はあるのか、何も分かりません。成績はまあまあなので、その気になれば今ならどこへでも進学できると思いますが、親はやきもきしてしまいます。

A3

息子さんの問題だからこそ、基本は信頼して任せる。でも親にも経済的に大きく関わってくる事柄だからこそ、腹を割ってまずは話しあいましょう。

心理的な目的は「権力闘争」と考えられます。権力闘争とは、権力を握ろうとすること。「俺だってそれくらい分かっている」という感覚が強いのかもしれません。

進路の問題は本人も焦っている可能性があります。現実を見たくなくて逃避しているのかもしれません。しかし親がうるさく言えばますます拍車をかけることになりかねません。

何にしても、経済的なことも考えると早く決めて相談してほしいのが親の願い。息子さんのことですが、親にも大きく関係してくるので、一度真剣に話しあいましょう。

そして、**あとは息子さんに任せるという姿勢を示すことが大事です。**

そのとき、家庭の経済状況を包み隠さず話すことが望ましいです。そのうえで「ここまでは親も頑張るつもり、協力したい。そして、あなたを信頼しているからこそ、できたら親に相談してほしい」と伝えられるといいです。その言葉が勇気づけになります。そのあとは本当に何も言わないことです。

あくまでも息子さんの問題で、親は応援することしかできません。応援しているつもりがうるさく言ったり、ガミガミ怒ったりしないようにしましょう。信頼する姿勢そのものが勇気づけにつながります。

case 4

27才のニートの娘。本気で再就職してもらうにはどうすればいい？

27才の娘は大学を卒業して就職しましたが、3年勤めたあと、自分が希望する仕事ではないと辞めてしまいました。家にいてもう2年たちましたが、何もやりたいことが見つからないと、フラフラしています。

最近は仕事の話をすると口論になり、部屋にこもってしまいます。このままだと引きこもりになってしまうのではないかと心配です。

A4

心配かもしれませんが、ひとまず静観。引きこもりになってしまいそうな場合、娘ではなく、自分自身の問題ととらえ、専門機関に相談に行きましょう。

これだけでは状況がよく分かりませんが、心理的な目的はまだ「権力闘争」だと思われます。

もし友人にも会わない、ショッピングにも行かないようでしたら、目的は「復讐」かもしれません。しかしフラフラしている状況からしても、まだ「復讐」ではなく権力闘争だと思われます。

いずれにしても、娘さんの問題ですから親ができることは無言のプレッシャーを与えないことです。

そのままずるずるといくのではないか、という不安がある場合、一度専門の相談機関に行き、お母さん自身の問題ととらえ、娘さんへの対応を相談するのがいいと思われます。

case 5 失業して以来10年間、引きこもりの息子。社会復帰させるにはどうしたらいい？

会社が縮小するという理由で失業して以来、32才の息子は引きこもっています。このままずっと家で引きこもり続けるかと思うと不安です。親の私たちが生きている間はいいですが、息子のことを考えると夜も寝られません。

A5 長期間の引きこもりの場合、心理的な目的は「無気力」。ここまで来てしまったら、外部の支援に頼りましょう。

10年間引きこもっている状況がよく分からないため、一概には判断できませんが、心理的な目的は「無気力」でしょう。

引きこもっているといっても、状況も環境もすべて違います。誰にも会わないといっても、家族との会話や日々の行動など、一様ではありません。そして、家族への支援と本人への働きかけの両方が必要です。

引きこもり状態が長引いた場合、今はＮＰＯなどで支援しているところもあります。地域によってさまざまなため、まずは行政の支援センターに行くことをおすすめします。

おわりに

私が本書を執筆しようと思った大きな理由が、多くの女性たちに「もっとシンプルに自分の問題を解決できる方法があるよ」「ちょっと視点を変えれば肩が楽になるよ」と伝えたかったからです。

読んでもらうと分かるように、私はいわゆる高校卒の団塊世代。心理学についても、放送大学で50才にして本格的に学び始めました。

生まれも沖縄というはじっこの地。日本のスタンダードな文化を享受したわけでもありません。20代後半、2人の子どもを連れて、シングルマザーで上京してきました。

それでも今、家族や友人、たくさんの人に教えてもらう機会に恵まれ、72才の現在、アドラーカウンセラーとして、活動し続けて32年になります。

私は理想に向かって努力するタイプでもなく、コツコツと地道に積み上げていく働き者でもありません。

そればかりか、どうすれば楽ができるかを考える怠け者の部類です。少し人よりあるものといえば、好奇心と行動力だけです。

それでも、アドラーカウンセラーとして32年間活動し続けられた一つの理由は、人が好きであったことでしょう。

アドラー心理学は、〝人間関係論〟があるように、つながりを大切にしている学問です。そのことを知って、私はのめり込んでいきました。おかげでたくさんの人から学ぶことができました。そして何より、過去でなく未来を見て、生きる目的を理解する視点は、楽天的な私を勇気づけてくれました。

アドラー心理学には「悩みを軽くするコツ」がたくさんあります。

それを学べば、カウンセラーという特別な仕事に携わらなくても、困難な出来事に出合ったとき、自分のことは自力で乗り越えていけるようになります。自分のことを勇気づけ、他者を勇気づけることで絆を強くでき、さらに信頼のネットワークも築けるのです。

自分だけで幸せになることはできません。夫や子ども、親や友人、他者をも勇気づけることで、すべてが仲間だという、心の居場所ができて本当の幸せといえます。

居場所づくりができるのは、平等感覚に敏感な女性たちです。

一人ではない、居場所があるということ、それはあなたからスタートするのだと伝えたくて、私はアドラー心理学に関する本を書こうと思いました。

アドラー心理学ではさまざまな人間関係の悩みを解決できますが、私がその中でも最も役に立つと感じたのが〝親子関係〟です。私自身、母や夫、子どもとの人間関係に幾度も悩まされてきました。同じ経験をしている方もたくさんいることでしょう。

今の時代、子育てに悩んでいるお母さんは大勢います。ときには、思わず「いけない」と思いつつ口出ししてしまったり、中には怒鳴ったり、手を出したりしてしまった経験がある人もいると思います。

しかし子どもはいつの時代もたくましく、自らの力で自分の課題を乗り越えていく力があります。

親に必要なのは、子どもの失敗を大らかに見守ること。そして、親と子どもがともに生きる仲間であることを認識し、子どもたちの勇気を育てていくことです。

そして私は、すべてのお母さんたちに自立した女性としての道を歩んでほしいと願っています。子どもは子ども自身の課題、そしてあなたは自分自身の課題に取り組むのです。

その結果、子どもも、そして自分自身も成長できるはず。
子どもは安心できる親が側にいるだけで自分で成長していきます。子どもを信頼して、見守る勇気を持ちましょう。それが何よりも子どもにとって大切な〝勇気づけ〟になっていくと私は信じています。

つるたえみこ

支援助言士（コミュニティ・カウンセラー）とは？

「支援助言士（コミュニティ・カウンセラー）」は、対人支援の専門家として、家族・職場をはじめとする様々なコミュニティの中のあらゆる問題に悩む人々に、カウンセリングや予防的活動等を実践していく人のことをいいます。
アドラー心理学・コミュニティ心理学を中核に、勇気づけに満ちたコミュニティづくりの実現を目指します。

支援助言士（コミュニティ・カウンセラー）養成講座とは？

アドラー心理学•コミュニティ心理学を中心に置き、人やコミュニティに役立つ実践的な考え方•理論を幅広く、短期で、お手頃に学べます！

第一線で活躍する多才な講師陣による実践的・多面的な学びを提供します！

様々なコミュニティでの貢献機会がさらに広がります！

一般社団法人　日本支援助言士協会®

経営理念

わたしたちは、コミュニティに役立つ人材育成と
学びの場の提供を通じて、社会の発展に貢献します。

提供価値

1【資格認定】
「支援助言士（コミュニティ・カウンセラー）」養成講座の開催および資格認定を行ない、様々なコミュニティで勇気づけや支援・助言を行える人材の輩出に努めます。

2【学びの場】
社会に貢献する人材育成を目指し、アドラー心理学を中核に、第一線で活躍する多才な講師陣による学びを提供します。

3【コミュニティ拠点】
人的ネットワーク•絆創りに努め、コミュニティの拠点として機能します。そして、一人ひとりが自分らしい人生を生きられる、真の豊かさに満ちた社会の発展に繋げます。

人づくり、コミュニティづくりに役立つ各種講座、
最新情報も満載！

詳しくはこちら⇒　支援助言士協会　検　索

〒221-0834 横浜市神奈川区台町 13-17 日向ビル 403
TEL：045-620-5951　FAX：045-620-5952
info@sienjogensi.org　sienjogensi

www.sienjogensi.org
ホームページへ

支援助言士養成講座の概要へ

つるたえみこ

日本支援助言士協会会長／アドラーシニアカウンセラー／
コミュニティ・カウンセラー／教育カウンセラー上級／
認定心理士／産業カウンセラー

1947年、沖縄生まれ。1984年アドラー心理学に出合い、民間機関「ヒューマン・ギルド」で学ぶ。シングルマザー、再婚、子育てをしながら、カウンセリング理論を学び、アドラー心理学の〝愛と勇気づけの親子関係プログラム〟「SMILE」開発に加わる。1999年NPO法人「ＣＬＩＰ・あこーん電話相談室」を開設し18年活動。福祉行政や民間相談室の女性相談員として、DV、離婚、女性問題などカウンセリング実績は3千人以上。53才にて放送大学を卒業。

2013年一般社団法人「日本支援助言士協会®」を設立。コミュニティ・カウンセラーやアドラーカウンセラー、ボランティアを養成。現在、幼稚園や保育園での母親カウンセリング、IT企業にてストレス相談、専門学校のアドラー心理学講師、ほか講師活動と同時に「女性が輝いて生きる」をテーマに講演会を実施。

アドラーに救《すく》われた女性《じょせい》たち

2020年4月27日　初版第1刷

著　者　つるたえみこ
発行人　松崎義行
発　行　みらいパブリッシング
〒166-0003 東京都杉並区高円寺南4-26-12 福丸ビル6F
TEL 03-5913-8611　FAX 03-5913-8011
企　画　Jディスカヴァー
編　集　三村真佑美
イラスト　山本朋子
ブックデザイン　洪十六
発　売　星雲社（共同出版社・流通責任出版社）
〒112-0005 東京都文京区水道1-3-30
TEL 03-3868-3275　FAX 03-3868-6588
印刷・製本　株式会社上野印刷

ISBN 978-4-434-27356-8 C0036¥1400E